Gudrun Maierhof
Katinka Schröder

Sie radeln
wie ein Mann,
Madame

Zu diesem Buch

Wer denkt beim heutigen Fahrradboom noch daran, daß vor hundert Jahren der Radsport reine Männersache war und die Dame »hoch zu Roß« öffentliches Ärgernis erregte?

Frauen, die trotz des männlichen Hohngelächters radelten, riskierten nicht nur ihren Ruf, sondern nach Ansicht der Mediziner auch ihre Gesundheit, setzten gar ihre Gebärfähigkeit aufs Spiel. Doch nicht nur die Sorge um den Nachwuchs und der ästhetische Reiz bewegter Damenschenkel trieb die prüden Männer der wilhelminischen Gesellschaft zu bissigen Aufrufen und Kam-pagnen gegen das Radeln. Gefahr drohte auch aus einer ganz anderen Richtung: Die Frauen waren zum ersten Mal mobil!

Colette und Sarah Bernhardt flanieren mit ihren Rädern über die Champs-Elysées, adlige Damen widersetzen sich radelnd der Eti-kette, und Schriftsteller widmen den Frauen auf Rädern hymnische Schriften.

»Ein Buch zum Schmunzeln und Nachdenken über die damaligen Sittenvorstellungen.« *Saarbrücker Zeitung*

»Sorgfältig illustriert mit alten Fotos, Werbeplakaten und Zeichnungen und versehen mit einer Literaturliste ist dieses Buch ein Leckerbissen nicht nur für Frauen und bestimmt nicht nur für Radfahrerinnen oder -fahrer.« *Ruhr-Nachrichten*

Die Autorinnen

Gudrun Maierhof wurde 1962 geboren und arbeitet seit 1986 als wissenschaftliche Mitarbeiterin im Archiv der deutschen Frauenbewegung.

Katinka Schröder wurde 1967 geboren, ist gelernte Buchhändlerin und seit 1991 als freiberufliche Journalistin tätig.

Gudrun Maierhof
Katinka Schröder

Sie radeln wie ein Mann, Madame

Wie die Frauen das Rad eroberten

Unionsverlag
Zürich

Die deutsche Originalausgabe erschien 1992
in der edition ebersbach, Dortmund.

Auf Internet
Aktuelle Informationen
Dokumente über Autorinnen und Autoren
Materialien zu Büchern
Besuchen Sie uns:
http://www.unionsverlag.ch

Unionsverlag Taschenbuch UT 111
Diese Ausgabe erscheint mit freundlicher Genehmigung
der edition ebersbach, Dortmund.
© by edition ebersbach 1992
© by Unionsverlag 1998
Rieterstrasse 18, CH-8059 Zürich
Telefon 0041-1 281 14 00, Fax 0041-1 281 14 40
Alle Rechte vorbehalten
Umschlaggestaltung: Heinz Unternährer, Zürich
Druck und Bindung: Clausen & Bosse, Leck
ISBN 3-293-20111-3

Die äußersten Zahlen geben die aktuelle Auflage
und deren Erscheinungsjahr an:

1 2 3 4 5 - 01 00 99 98

Inhalt

Vorwort

Im Jahre 1905 konstatierte Rosa Mayreder, Protagonistin der frühen österreichischen Frauenbewegung, daß das Fahrrad mehr zur Emanzipation der Frau beigetragen habe als alle Bestrebungen der Frauenbewegung zusammengenommen. Heute, wo jede zweite Frau ein Bike kauft, wo modische Radlerhosen Knie freilassen und »Damen« im Vorprogramm der »Tour de France« rennfahren, scheint diese Ansicht reichlich merkwürdig. Und doch – Rosa Mayreder hatte recht. Allerdings ist der Status Quo von den Radpionierinnen hart erkämpft worden.

Als um 1870 die ersten kurbelbetriebenen Zweiräder in Schwung kamen, mußten sich Damen als Knaben verkleiden, um das Stahlroß oder später das Hochrad zu besteigen. Im langen Rock und mit sittlichen und medizinischen Vorurteilen im Nacken war nicht gut radeln. Das »schamlose Mannweib« auf dem Herrenrad entblößte seine Knöchel, demonstrierte Selbständigkeit und Mut – eklatante Verstöße gegen damalige Sittlichkeitsnormen und Klischees. Frauen, die trotzdem radelten, riskierten nicht nur ihren Ruf, sondern auch ihre Gesundheit, wurden mit Steinen wie Peitschenhieben traktiert und, was ihr Ansehen ins Bodenlose sinken ließ, setzten nach Ansicht vieler Mediziner ihre Gebärfähigkeit aufs Spiel.

Bis in die 20er Jahre unseres Jahrhunderts hielten sich die Vorurteile gegen das Damenradeln. Spazierfahrten wurden geduldet, doch der Sport blieb Männerdomäne. Radsportlerinnen, zum ersten Mal 1868 in Bordeaux auf der Bahn, handelten gegen ihre »Bestimmung« als Mutter und Hausfrau. Schließlich waren beim Rennfahren nicht

Anmut und Demut, sondern Selbstbewußtsein, Ausdauer und Geistesgegenwärtigkeit gefragt.

Trotz aller Anfeindungen — die Radlerinnen ließen sich nicht mehr bremsen. Schließlich hatten sie einiges erreicht: Das unsportliche Korsett, Ursache für Bleichsucht und Krummrücken, war endgültig verbannt worden. Zudem entzogen sie sich mehr und mehr den männlichen Argusaugen. Der Beginn das Damenradelns war das Ende der Anstandsdame.

Die hart erkämpfte Freiheit hatte natürlich auch viele prominente Befürworterinnen: Französische Schauspielerinnen und Diven, wie Colette und Sarah Bernhardt, adlige Damen gar, darunter Queen Victoria und die niederländische Königin Wilhelmine, widersetzten sich radelnderweise der Etikette. Schriftsteller wie Theodor Fontane, Jerome K. Jerome oder Emile Zola widmeten den Radfahrerinnen hymnische Schriften.

Interessanterweise äußerten sich nur wenige Frauenrechtlerinnen zum Damenradeln. Die Rad-Pionierinnen, die sich meist in den Dachverbänden der Männer organisierten, waren selten politische Aktivistinnen. Doch taten sie für ihre Zeit etwas unerhört Emanzipiertes: Sie setzten ihren Willen durch, scherten sich nicht um die Meinung der Nachbarn und fuhren ihren Männern, Kindern, Kochtöpfen davon.

Was waren das für Frauen, die sich so unbekümmert über Konventionen hinwegsetzten? Warum entfachten sie einen solchen Sturm der Entrüstung? Was schließlich erreichten sie für die »Sache der Frauen«? Auf solche Fragen will dieses Buch eine Antwort geben. So erschöpfend, wie es anhand weitverstreuter Selbstzeugnisse und zeitgenössischer Dokumente aus der Zeit von 1880 bis 1920 sowie der modernen Fahrradliteratur, die dem Thema, wenn überhaupt, immer nur ein Kapitel unter vielen wid-

met, möglich ist. Natürlich wäre dieser erste Gesamtüber-
blick kaum möglich gewesen, wenn sich Autorinnen und
Autoren nicht schon vorher auf die Spurensuche gemacht
hätten. Ihnen möchten wir an dieser Stelle danken. Unser
Dank gilt ebenfalls den Mitarbeiterinnen des Archivs der
deutschen Frauenbewegung in Kassel, die uns mit Rat und
Tat zur Seite standen.

Dortmund, im Februar 1992

Gudrun Maierhof
Katinka Schröder

I

Vom mechanischen Pferd
zum Damenrad

1897 schickte eine Leserin an die Zeitschrift »Jugend« die Abbildung dieser »Ersten Radlerin« (eine Zeichnung von Michelangelo, die »Fortuna« darstellt). Ihr Fazit: »Die Frage ›Rock oder Hose‹ wäre somit gelöst von einer der gewichtigsten Geschmacks-Autoritäten aller Zeiten.«

Als die Räder laufen lernten –
Frauen auf der Draisine

»Denn auch schon mit dem ersten Erscheinen der Draisine drängte sich das andere Geschlecht zur Benutzung dieses neuen Fortbewegungsmittels herzu.« (Anton Daul, 1906)

Es war eine Frau, die die Räder richtig ins Rollen brachte. Erst durch Fürsprache der Großherzogin von Baden nämlich erhielt der ehemalige Forstmeister Baron von Drais 1818 ein auf zehn Jahre befristetes Patent für sein Laufrad.[1] Mit dem Velociped, von Drais später erfinderstolz »Draisine« genannt, begann die Geschichte des Fahrrades. Des Herrenrades zunächst, denn die Damen durften nicht laufradeln. Mit ihren fußbodenlangen Röcken konnten sie das neue Fortbewegungsmittel nicht besteigen, ohne unsittlichst ihre Knöchel zu entblößen.

Als Verkehrsmittel setzten sich die Velocipeds nicht durch: Schuld daran war ihre starre Holzkonstruktion und die damals miserablen Straßenverhältnisse. Aus dem Post- und Meldedienst wurden sie bald wieder entlassen und blieben somit ein Luxus-Spielzeug für die Oberen Zehntausend. Genauso wie ihre Vorläufer, die 1791 erstmals gebauten und noch nicht einmal lenkbaren »Céleriféren«. Auch damals durften die Damen der höfischen Gesellschaft nicht mitspielen. Auf der Bühne allerdings genoß »mann«, was in der Realität verpönt war: den Anblick skandalös entblößter, weiblicher Unterschenkel, den eine leichtgeschürzte Laufrad-Reiterin in dem 1804 uraufgeführten Stück *Les Vélociféres* bot. Weil soviel Schamlosigkeit natürlich wieder entkräftet werden mußte, spielte sie die Rolle der »Merveilleuse«, der wunderbaren Elfe.[2]

1819 endlich konstruierte Drais, auf Drängen einiger Kunden, ein dreirädriges Laufrad, auf dem Frauen in einem Sitzkörbchen an der Front wenigstens als Sozius mitfahren konnten.

Im gleichen Jahr kam das sogenannte »Pilentum« auf den Markt. Das einsitzige, kutschenähnliche Dreirad wurde mittels Armkurbeln in Bewegung gesetzt und eignete sich höchstens für kurze Parkrundfahrten. Als Ende 1818 die Draisine, von den Engländern auch spöttisch »Hobby-« oder »Dandy-Horse« genannt, in Großbritanniens High-Society populär wurde, wollten endlich auch die Frauen richtig mitlaufen. Denis Johnsons Spezialanfertigung für Damen machte es ein Jahr später möglich. Die »elfengleichen« Wesen allerdings hatten es schwerer als die Herren: Durch die bis zum Boden durchgebogene, eisenarmierte Mittelstange war nun zwar ein bequemer und sittlicher Durchstieg möglich, doch wog die Konstruktion dadurch auch ganze 32 Kilogramm und war dabei instabiler als die »Hobby Horses« der Herren.[3] Dazu kamen noch die 12 bis 15 Pfund Kleidung, die eine Frau damals auf dem Leib trug. Aber was soll's — mit der Damen-Draisine war der Etikette Genüge getan. Nun konnten die Ladies mit rockbedeckten und geschlossenen Beinen loslaufen.

Zur gleichen Zeit etwa kam ein Damen-Dreirad auf den Markt, bei dem das Vorderrad mittels zweier Trittbretter in Schwung gebracht wurde.[4] Als der Konstrukteur dieses neuartigen Antriebes aus der Tugend — den stoffbedeckten Füßen — eine Not machte, ahnte er wohl nicht, daß er mehr als vier Jahrzehnte Fahrradgeschichte vorwegnehmen würde. Der Kurbelantrieb nämlich verhalf Mitte der 60er Jahre der zweirädrigen Michauline, dem ersten brauchbaren Fahrrad, zum Durchbruch.

Noch bis in die 30er Jahre standen Draisine und Dreirad bei den adeligen Damen hoch im Kurs, danach ist das Kapitel Frauenradfahren erst einmal für mehr als drei Dekaden beendet. Gerd Schellenberg, ein Kenner der Radge-

Hobby-Horse-Reiterinnen, 1819.

Dreirädrige Drais'sche Laufmaschine mit Sozius-Sitz für die Dame.

Das »Pilentum«, ein Fahrrad, das mittels Armkurbeln angetrieben wurde.

schichte, meint rückblickend: »Auf jeden Fall hat dieses Damenradeln erste emanzipatorische Züge und war der Anfang gleichberechtigten Frauensports«.[5] Das ist allerdings etwas übertrieben. Wer die Draisine fuhr, wollte sehen und gesehen werden; das Flanieren mit dem Laufrad war eine Sache des Prestiges. Die ersten Laufrad-Damen der Oberschicht mußten weniger Mut aufbringen als ihre Nachfolgerinnen, die mangels Damenrädern auf die allein für Männer konzipierten »Michaulinen« stiegen.

»Oh, Kamel des Abendlandes!« –
Frauen auf frühen Herrenrädern

»Es ist der Anfang einer widernatürlichen Gleichmacherei.
Eine Gleichmacherei, die über die Zigarrenraucherin zur
Petroleuse führt. Wie der Dichter sagt, da werden Weiber zu
Hyänen, wie in Paris, beim Aufstand der Kommune ...«
(Romanheld Orloff in Uwe Timms Roman »Der
Mann auf dem Hochrad«, 1984)

Die Michaulinen von Pierre Michaux, die am Vorderrad
mit Tretkurbeln ausgestattet waren, lösten Mitte der 60er
Jahre in Frankreich den ersten Fahrradboom aus, der erst
1869 auf England und Deutschland übergriff. Radelnde
Damen waren aber auch in Frankreich eine Seltenheit.
Schießlich galt das Radfahren — sogar der Männer — als
gefährlich und ungesund. Frauen wagten sich zunächst nur
außerhalb der Stadtmauern und als Knaben verkleidet auf
den Drahtesel. Das Aufkommen der ersten Fahrradschulen
erleichterte ihnen diesen Entschluß. In Deutschland allerdings konnten Frauen bis Ende der 70er Jahre noch nicht
einmal hinter »Schloß und Riegel« radfahren lernen. 1868,
kurz nachdem der Stuttgarter Lehrer Johann Friedrich
Trefz seine Mädchen-Turnanstalt, die auch Kurse im »Velo-
ciped-Fahren« anbot, eröffnet hatte, wurde sie als »nicht
zeitgemäß«[6] auch schon wieder behördlich geschlossen.
Und 1870 schrieb *Der Illustrirte Familienkalender:* »Bei uns in
Deutschland halten sich die Damen bis jetzt von dem Reit-
radeln fern. Das liegt nicht etwa an den schmalen Sätteln,
welche für die zarten Schönen keineswegs als comfortable
gelten können, sondern an jener natürlichen tactvollen
Schamhaftigkeit, welche noch immer ein Vorzug deutscher Frauen ist.«[7]

Eine unbekannte Französin auf einer Michauline.

Die Amerikanerinnen hatten es leichter. Schon früh bereiteten Frauenrechtlerinnen, die vor allem für Reformen in der Mode eintraten, den Boden für mehr weibliche Mobilität: 1869 öffnete in New York die erste Fahrschule für Frauen. Geübt wurde hier meist noch auf dem Dreirad, oft auch noch im Damensattel. Doch auch die »Bloomers«, wadenlange Pumphosen-Röcke, waren hier erlaubt. Das störte sogar den eher konservativen *Scientific American* nicht: »Die Gentlemen sind ausgeschlossen, während die Damen ihre Übungen machen. Doch ein paar Ehemänner, die heimlich beobachteten, wie ihre besseren Hälften auf den feurigen, unbezähmbaren Rössern ritten, sagen, daß sie einen sehr hübschen und graziösen Eindruck machten. Wir können keinen triftigen Grund finden, warum Damen nicht einen Sportdress tragen und das Radeln an der frischen Luft statt in den geschlossenen Hallen genießen sollten.«[8]

In Frankreich waren es Schauspielerinnen und Künstlerinnen, die sich Ende der 60er Jahre erstmals mit dem »neuesten Schrei« auf Frankreichs Boulevards blicken ließen. In ihrem Gefolge wagten sich auch einige Bürgerinnen in der Öffentlichkeit auf die mit eisenbeschlagenen Holzfelgen ausgestatteten Holper-Michaulinen. So vorbildhaft, wie 1901 die *Berliner Illustrirte Zeitung,* haben männliche Zeitgenossen die Vorreiterrolle der Aktricen sicherlich nicht eingestuft: »In der Frühzeit des Fahrradsports, als dieser noch als verwerflich für das weibliche Geschlecht galt, sprang mit einem munteren Ruf die leichtgeschürzte Schauspielerin auf das Rad und fuhr, dem ganzen Philistertum zum Ärgernis, davon, daß es nur so rauschte«[9]. Doch immerhin waren die Franzosen fortschrittlicher als ihre deutschen und englischen Geschlechtsgenossen. Vielleicht lechzten sie in diesen körperfeindlichen Zeiten auch nur weniger verlogen nach ent-

*Damen-Laufrad
von Denis Johnson.*

blößter Weiblichkeit. Das jedenfalls legt eine Karikatur des ersten Damenwettrennens, 1868 im Park von Bordeaux, nahe. Zwar glichen die Frauen auch hier schon männermordenden Megären — seine Bewunderung und natürlich die Vorliebe für entblößte Schenkel konnte der Karikaturist jedoch nicht verhehlen. Ob er die Korsetts, die bei jeder anstrengenden Bewegung leicht Ohnmachtsanfälle auslösen konnten, nur aus Schamhaftigkeit hinzuzeichnete, ist fraglich. Der Taillen-Tyrann wurde erst in den 90er Jahren aus dem Kleiderschrank der meisten Radlerinnen verbannt.

Zwei Meter über der Erde – Frauen auf Hochrädern

»Das Hochrad war naturgemäss der Frau so gut wie ganz verschlossen.« (Amelie Rother, 1897)

Aus der Zeit der Michaulinen, die bis Anfang der 70er populär blieben, wurde ansonsten recht wenig vom Damenradeln berichtet. Spannend wurde es erst wieder ab 1871. In diesem Jahr erfand James Stanley, von Haus aus

20

Nähmaschinenhersteller, das erste Hochrad, genannt »Ariel« – schneller, bequemer (weil vollgummibereift) und eleganter als die Michauline. Die aristokratische Konstruktion hatte nur einen Nachteil: Der Fahrer riskierte sein Leben.

So etwas durften nur Männer, die sich anfangs übrigens auch zum Gespött machten. Sittsame Frauen mußten wieder warten, bis ein halbes Jahr später das erste Damenrad auf den Markt kam. War aber schon das Hochrad an sich eine halsbrecherische Angelegenheit, so geriet die Ausführung fürs weibliche Geschlecht ganz und gar abenteuerlich. Wie im Damensattel, der sogar noch um die Jahrhundertwende ein Muß für die züchtige Reiterin war, saß die Frau nun asymmetrisch auf dem Rade. Beide Pedale waren auf einer Seite des Vorderrades montiert. Franz Schröder, Coburger Rad-Pionier und Held in Uwe Timms Roman-

Das Ariel-Damenhochrad, um 1872.

Biografie *Der Mann auf dem Hochrad,* traute seinen Augen nicht, als er zum ersten Mal eine englische Hochradlerin sah: »Sie saß in einem Damensattel, also mit beiden Beinen auf einer Seite, schräg, und trat ein kleines Brettchen wie eine Nähmaschine, das über eine Schwungachse das Vorderrad antrieb. Eine todesmutige Frau, die in dieser Höhe seitlich sitzend durch die Gegend fuhr, wobei völlig unklar war, wie sie je in den Sattel gekommen sein konnte, aber sie fuhr.«[10] Damen, die sich an der Geschwindigkeit berauschen wollten, mußten sich – wohl oder übel – als Knaben verkleidet aufs Herren-Hochrad schwingen. Noch mutiger war Anne Schröder, die sich in Uwe Timms historischem Roman auch durch die Mode-Skrupel ihres Mannes nicht von ihrem Wunsch, Fahrradfahren zu lernen, abbringen ließ: »Dann muß man eben den Rock abschaffen.«[11] Als Anne Ende der 80er Jahre zum ersten Mal in der Öffentlichkeit fuhr, hatte sie das Korsett ab- und eine Art Hosenrock angelegt, sie »trug das syrische Unterkleid, und schon dieser Name ließ einem vor Scham das Blut in den Kopf schießen ... Die Menge tobte, aus Empörung und vor Begeisterung über diese so ganz und gar ungehörige Frau ...«[12]. Die Coburger Bevölkerung witterte Emanzipation und spaltete sich in zwei Fraktionen. Öl aufs Feuer der Gegner goß der Timm-Protagonist und Fahrradfeind Orloff. Während eines Vortrags brandmarkte er das Rad als »Verdummungsmaschine«, »Vehikel für geheime politische Veranstaltungen« und »unsittliches Gefährt«, um dann auf die »weit gefährlichere Erscheinung der radfahrenden Frau« zu kommen: »So manche Frau fing im guten Gewissen, mit den besten Absichten an und endete auf so fürchterliche Weise – als Mannweib ... Dick bis tonnenartig, das sind die sogenannten Radfahrerwaden. Ich bitte Sie, kann man dieses Gefährt im Ernst unseren Damen anbieten? ... Das darf auch die Frau nicht zulassen, eingedenk des Dichterwortes: Du bist wie eine Blume.«[13]

Nur wenige Frauen weigerten sich, eine Blume zu sein, und folgten dem Beispiel Anne Schröders. Ob im negativen oder positiven Sinne – Popularität war ihnen immerhin sicher: 1882 berichtete die Münchner Zeitschrift *Das Velociped* erstmals über deutsche Hochradfahrerinnen und wenig später traten sie als Artistinnen bei Tanzvergnügungen auf.[14]

Komfort für Damen – Frauen auf Dreirädern

»›Aber Frau Schneider, sind Sie denn schon ganz verrückt, daß Sie sich auf so ein Ding setzen?‹« (Anonym, 1884)

Für Frauen, die ihren Ruf nicht wie Anne Schröder ruinieren und dennoch radfahren wollten, ließen sich die Fahrradhersteller einiges einfallen. Schon Ende der 60er kamen die Dreiräder als sittlich vertretbare Vehikel für den Damenradsport in Mode und blieben es bis Anfang der 90er Jahre. Von allen sonstigen Abarten des Fahrrades spielten sie kommerziell die wichtigste Rolle.

Die ersten Modelle waren allerdings recht skurril: So wurde Ende der 60er in England beispielsweise das sogenannte »Fauteuil-Tricycle« konstruiert – eine Mixtur aus Sessel und Fahrrad, die von zwei sich gegenübersitzenden Personen mit einem Handhebel in Bewegung gesetzt wurde. 1879 kam das erste brauchbare Dreirad auf den Markt, das sogenannte »Otto-Safety-Bicycle«, dessen Sitz zwischen zwei großen Rädern aufgehängt war.[15]

Mitte der siebziger Jahre ergötzten sich die Pariser an Damen-Hochrad-rennen. Hier war man fortschrittlicher als im konservativen Deutschland, wo sich die meisten der raren Hochradfahrerinnen nur inkognito, als Knaben verkleidet in die Öffentlichkeit wagten.

Als James Stanley 1877 das erste moderne Tricylce, bei dem der Fahrer zwischen den beiden Hinterrädern saß, auf den Markt brachte, entstand ein regelrechter Dreirad-Boom. Und ein Variantenreichtum, den heute nur ein großes Museum beherbergen könnte: ein- und zweisitzige Dreiräder mit zwei großen Vorderrädern und einem kleinen Hinterrad, einem großen Rad auf einer und zwei kleinen Rädern auf der anderen Seite, Tandem-Tricycles und dergleichen mehr. Allein in den Jahren 1887/88 wurden 57 Patente für Dreiräder angemeldet.[16]

Besonders in England waren diese bis zu 55 Kilogramm schweren Gefährte bei den Damen sehr beliebt und wurden überhaupt als einzig schickliche Form weiblichen Radelns angesehen. Zu dieser Popularität hatte maßgeblich Queen Victoria beigetragen: Es war Liebe auf den ersten Blick, als sie 1881 auf der Isle of Wight das erste Tricycle sah. Sie bestellte sich gleich zwei Exemplare des »Salvo«. Ihre ersten Spazierrunden auf den Gartenwegen des Buckingham-Palastes waren anfangs nicht gerade gerne gesehen am englischen Hof. Doch als der Königin Laster öffent-

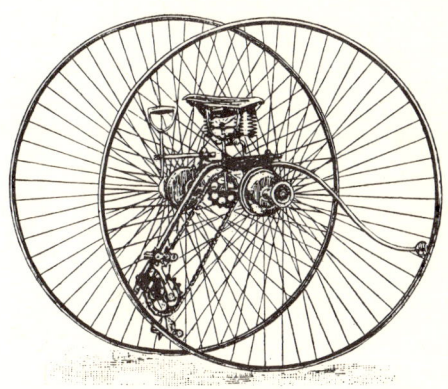

Das Otto-Dicycle, das 1879 auf den Markt kam.

25

*Ein skurriles Gefährt: das sogenannte »Fauteuil-Tricycle«,
ein 1869 konstruiertes Dreirad, auf dem die Radlerinnen
vis à vis Konversation machen konnten.*

lich bekannt wurde, avancierte das jetzt mit dem Gütesiegel »Royal« veredelte »Salvo« zum Kassenschlager.[17] Sehr zum Leidwesen einiger Männer, die ihren Frauen nun Begleitschutz geben mußten. In der englischen Zeitschrift *Punch* goß ein Herrenfahrer seine Klage in fatalistische Verse: »Der Radler radelte: Er lernte radeln, Tag für Tag. / ›Jetzt fahre ich, wohin ich mag‹, / frohlockt er; aber sehr betrübt/erkennt er: ›sie hat auch geübt / und‹ − was besonders ihn erschreckt − / ›ein Rad gekauft, das zweie trägt /und gemeinsam fahr'n‹, seufzt er, ›o je, / das ist des Rades Wohl und Weh!‹«[18]

In Deutschland allerdings hatte man sich noch nicht einmal mit den Dreiradfahrerinnen abgefunden. 1883 radelte die 48jährige Cholarist Schneider aus Neiße, erst zusammen mit ihrem Mann und später alleine mit ihrem Dreirad, unter Schimpf und Schande durch Kleinstadt und Dörfer: »Unsere Todfeinde waren die Lohnkutscher und es schien,

*Komfort anno dazumal: Ein »Sociable«, bei dem
die Fahrerinnen nebeneinander saßen.*

als ob diese im Rade ihren Untergang witterten. Sie fuhren
hohnlachend direkt in uns hinein, und wir mußten wohl
oder übel recht oft mit dem Straßengraben Bekanntschaft
machen. Und wie der Herr, so's Gescherr, Pferde und selbst
die braven Kühe gerieten in Aufregung bei unserem
Anblick. Die Hunde, recht oft von liebenswürdigen Menschen gehetzt, verfolgten uns bis ans Ende des Dorfes und
schnappten so lange nach unseren Waden, bis sie von den
Speichen unserer Räder oder von unseren Peitschen eines
besseren belehrt wurden. Aber das war noch lange nicht
das Schlimmste, wenigstens für mich als Frau. Eine Frau
auf dem Rade! Grinsend standen sie da in Stadt und Land,
sahen mir nach, und höhnische Redensarten, gemeine
Schimpfworte, wenn nicht Schlimmeres, trafen mein Ohr
und ließen mich trotz meines Alters vor Scham erröten.

27

Die Kutscher schlugen mit der Peitsche nach mir und trafen leider oft genug, und die Kinder hatten, von den Großen angestiftet, ganze Batterien von Schmutzlumpen aufgehäuft, um mich damit möglichst gründlich bombardieren zu können. Meine Verwandten sagten mir Fehde an, wenn ich das Radeln nicht ließe. Ich verzichtete auf den Verkehr mit ihnen und blieb meinem Rade treu ... All dieser Ärger und schließlich auch der Umstand, daß ich durch Wagen wiederholt in Lebensgefahr geriet, was ich niemandem erzählen durfte, ohne einen ganzen Sprichwörterschatz, wie ›Wenn dem Esel zu wohl ist, geht er aufs Eis‹ usw., gegen mich mobil zu machen, hätten mich vielleicht doch bewogen, das Radeln aufzugeben, wenn nicht damals mein 91jähriger Vater dreiviertel Meilen von Neiße krank lag. Mit Hilfe des Rades konnte ich ihn besuchen. Er war immer sehr erfreut darüber, und einmal ließ er sich sogar ans Fenster tragen, um mich auf dem Rade sehen zu können. ›Lasse die dummen Menschen reden‹, sagte er dann, ›und harre aus! Das Ding hat eine große Zukunft.‹ Und der alte Mann hat recht gehabt!«[19]

Sittlich und sicher – Frauen auf Damenrädern

»Wäre nicht eine Maschine gekommen, die das Fahren im langen Rock gestattete, so wären wir nie dahin gekommen, wo wir heute stehen.« (Amelie Rother, 1897)

Der alte Mann hat tatsächlich recht gehabt — doch die Zukunft des Damenradelns konnte natürlich nicht im lahmen Dreirad liegen. Da nützte auch das 1889 für »Frau A. Gamp aus Dresden« patentierte »ausrückbare Schwungrad« zum Energiesparen nichts. Dieser möglicherweise einzige weibliche Beitrag zur Radevolution allerdings »stellt einen der besten Ansätze dar, ein Schwungrad wirksam am Fahrrad einzusetzen«[20], lobt der Techniker Ulrich Herzog diese Erfindung.

Es war das Niederrad, damals »Safety« genannt, das den Drahtesel letztendlich populär machte. Und natürlich der Luftreifen, der 1888 auf den Markt kam. Das erste, noch vollgummibereifte Safety wurde 1879 angeboten. Erfinder Henry John Lawson hatte mit diesem Modell, das die Hochradsnobs als »Watschelmaschine für Alte und Gebrechliche«[21] abtaten, erst Erfolg, als er 1884 in England eine Damen-Version anbot. Zur gleichen Zeit etwa entstand ein weiteres Damen-Sicherheitsrad, mit großem, kettengetriebenen Hinterrad.[22]

Schon seit Anfang der 70er Jahre hatten Konstrukteure versucht, den Frauen aufs Zweirad zu helfen: 1870 beispielsweise stattete Samuel Webb Thomas eine Michauline mit Damensitz aus. Dieses Rad aber war wegen seiner Unbequemlichkeit und Instabilität genausowenig ein Erfolg wie Thos Sparrows 1879 für Damen umgebautes Hochrad, das aus einem kleinen Vorder- und einem großen Hinterrad bestand, über dem der Sitz angebracht war.[23]

Die erste umfangreichere Produktion von Damenrädern begann 1889 mit dem »Psycho Ladie's Bicycle« und erlebte ihren Boom mit dem Damen-Rover, dem direkten Vorfahren unseres heutigen Fahrrades, der Anfang der 90er auf den Markt kam. Doch auch mit diesem Zugeständnis an die Rock-Mode waren viele zeitgenössische Sittenwächter nicht zu besänftigen. Sie hätten die »Radelerlaubniß« für Frauen am liebsten auf das Dreirad beschränkt. Erst Ende der 90er Jahre gehörte das Damenrad zum Straßenbild der Großstädte.

Amelie Rother, einer streitbaren Journalistin und Fahr-radpionierin, die als Berliner Dreiradfahrerin noch 1890 ebenso schlechte Erfahrungen wie Frau Schneider in Neiße gemacht hatte, kam es natürlich sehr gelegen. 1897 schrieb sie über ihre ersten Fahrversuche Ende der 80er Jahre: »Auf den Gedanken, die Kleidung der Maschine ent-sprechend zu ändern, das heisst in Hosen zu fahren, wären damals selbst die Kühnsten unter uns nicht geraten. Auf das Dreirad setzte man sich, weil es zur Not das Fahren im Kleide gestattete. Dass der Rover erheblich leichter und bequemer fahrbar war, sahen wir ja, aber er war uns ver-schlossen, weil wir ihn nicht im Kleide fahren konnten.«[24]

Als er dann endlich in der Damen-Version auf den Markt kam, düsten 1892 Amelie Rother und ihre Freun-dinnen Clara Beyer und Ida Caspari, ein Triumvirat, das ein Jahr später auch am ersten deutschen Frauen-Radren-nen teilnehmen sollte, erstmals relativ unbehelligt durch Berlin. Doch ihr Lob des Drahtesels, der schwerer und instabiler als die Herrenausführung war, fiel zwiespältig aus: »Ich bin gewiss heute keine Freundin des eben so häss-lichen wie unpraktischen Damenrades, aber das steht fest: Ohne diese Maschine hätte das Damenfahren nie den jetzi-gen Aufwung genommen, die besseren Kreise hätten sich viel schwerer zum Fahren entschlossen.«[25]

1879 konstruierte Thos Sparrow dieses Damenrad – im Prinzip ein umgekehrtes Hochrad.

II

Radeln in homöopathischen Dosen

Von Fall zu Fall oder
Die Opfer der Radfahrwut

»Es ist ein bedeutender Vorzug des Rades, dass er seinen Reiter nicht ›wirft‹, wie es beim Trabrennen der Pferderücken thut.« (Dr. med. Martin Siegfried, 1897)

Das eher lebensgefährliche Hochrad war Mitte der 90er Jahre out. Die Fahrradindustrie insgesamt aber erlebte einen regelrechten Boom. Trotzdem entspann sich in den Ärztekreisen eine lebhafte Diskussion über die gesundheitsschädigenden Wirkungen des Radelns. Besorgte Ehemänner und Väter richteten sich mit der Frage »Darf meine Frau«, »darf meine Tochter radfahren?« vertrauensvoll an die Ärzteschaft. Die »Söhne des Hippokrates« waren eher skeptisch, nicht zuletzt aufgrund der Schreckensvisionen über Radunfälle und Todesfälle, die sie täglich der Presse entnehmen konnten.

Ein Grauen ging durch die Sprechzimmer: »In Nizza starb im Januar dieses Jahres ein Wiener Advokat beim Erlernen des Radfahrens, nachdem er dreimal rund durch das Velodrom gefahren war. Er fühlte Uebelkeit, stieg von der Maschine und war nach einigen Augenblicken verschieden.«[1]

Auch das Schicksal eines Medizinprofessors aus Freiburg bewegte die Gemüter: »Er war ein leidenschaftlicher Radfahrer; eines Tages kehrte er nicht wieder, man fand ihn mitten auf der Landstrasse, noch auf seinem Dreirad sitzend, jenseits einer geringen Ansteigung des Weges, die er eben noch überwunden hatte, todt.«[2]

Zu diesen tragischen Vorfällen gesellten sich die Meldungen über die zahlreichen Unfälle auf den Straßen. Karambolagen mit Kutschen, anderen Gefährten oder gar

Berliner Großstadtverkehr Ende des 19. Jahrhunderts.

Fußgängern waren an der Tagesordnung. 1898 gründete sich in London ein Anti-Radler-Verband, der sich zum Ziel setzte, den Radfahrern, die permanent die Straßen Londons verunsicherten, den Garaus zu machen. Einige Versicherungsgesellschaften erklärten das Radeln zu einer »gefährlichen Beschäftigung« und erhöhten die Versicherungsprämien für Personen, die diesem Sport huldigten.[3]

Eher pragmatisch gab sich der Arzt Martin Siegfried. Er empfahl, stets eine kleine Hausapotheke mitzuführen, um bei der »unbeabsichtigten Trennung vom Rade« gut gerüstet zu sein. Die Hausapotheke solle im mindesten bestehen aus Wundwatte, Pflaster, Gazebinden, Baldriantinktur,

Versicherungsschein einer Fahrradversicherung. »Die Allianz« gewährt Versicherung gegen die Folgen von Unfällen mit Körperverletzung sowie gegen den Diebstahl des Rades.

Choleratropfen, Rhabarberwein und vor allem Hoffmannstropfen sowie einem geruchlosen Pulver, welches auf die Wunden zu streuen sei.[4]

Angesichts dieser Bedenken hatten es die Frauen wirklich schwer, noch dazu, wenn sich die Ärzte nun beklagten, daß zusehends mehr radelnde Klientinnen hinkend oder gar schwer verletzt die Praxis aufsuchten.[5]

Oft genug führte eine andere Tatsache zu unfreiwilligen Zusammenstößen: »Du fährst auf Deiner Dir vorgeschriebenen Strassenseite. Vor Dir gehen auf dem Fahrweg — obwohl das Trottoir gänzlich frei ist — drei etwas ältere Damen tief in ein Gespräch über die Kochkunst begriffen. Du läutest. Die Damen reden weiter, ohne Dich zu hören. Du läutest wieder! Eine der Damen wendet sich um. Sie erblickt Dich und stösst einen gellenden Schrei aus, wodurch sie ihre beiden Freundinnen auf Dich aufmerksam macht. Für einen Moment sind alle drei vor Schreck völlig wie gelähmt, aber dann suchen sie in fliegender Hast

eine der rettenden Trottoir-
seiten zu gewinnen. Sie
schiessen durcheinander,
jede nach einer anderen
Richtung, prallen zusam-
men, laufen wieder zurück,
erfassen ihre Hände und
suchen sich gegenseitig
jede nach einer anderen
Richtung fliehend, zu ›retten‹. Mittlerweile bist Du
den Damen natürlich
schon recht nahe gekom-
men. Aber Dein Auge ent-
deckt eine Lücke, durch die
Du Dein Rad mit einem

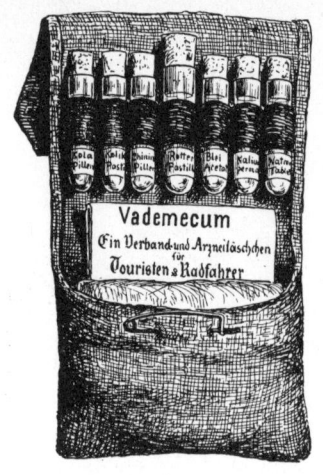

kräftigen Tritt treibst. Du scheinst der Gefahr entronnen.
Aber nein, in ihren kopflosen Sprüngen hat Dich doch
noch eine der Damen von der Seite angerannt und wenn
Du auch mit einigen Schwankungen auf dem Rade bleibst,
die Carrambolage ist geschehen.«[6]

Eine radelnde Frau hatte diese Damen vollends aus der
Bahn geworfen. Wen wundert's, denn sie zählten immer
noch zu den exotischen Erscheinungen in diesen Jahren.
Nicht nur die tagtäglichen Fahrraddramen auf den Straßen, sondern auch der Glaube an die gesundheitsschädigenden Wirkungen dieses Sports an sich führte dazu, daß
sich anfangs nur wenige Frauen aufs Velo trauten.

Das »Bicycle-Gesicht« und andere Krankheiten

»Auf Grund einer fünfzigjährigen Praxis erkläre ich die seit zwei Jahren aufkommende Radfahrmanie der Damen schlechthin für Massenselbstmord!« (Dr. med. Warmwickler, 1896)

Um die Jahrhundertwende ließen sich in Amerika Spezialärzte für Radfahrkranke nieder. Auch die deutschen Mediziner sinnierten über die gesundheitsschädigenden Wirkungen des neuen Sports. Untersuchungen an Radlern — vorerst wurden die männlichen Vertreter der Schöpfung vor und nach der Tour getestet — hatten Erschreckendes zutage gefördert: Das Radeln, mutmaßte Dr. Mendelsohn, bürde dem Organismus »eine plötzliche und unverhältnismässig grosse Mehrarbeit«[7] auf. Bei allen Testpersonen waren Ermüdungserscheinungen bestimmter Muskeln, bis hin zu anhaltenden krampfhaften Kontraktionen, vermehrte Harnabsonderung, bläuliche Gesichtsfarbe, verstärkte Atemtätigkeit, Pulsschläge von über 160 und Herzrasen zu beobachten. Das übertriebene Radeln könne zu starker Abmagerung, Infektionskrankheiten, Herzaffektionen, Lungenschäden, Störungen der Hornhaut beider Augen (durch die große Muskelanstrengung und die Kälte), schließlich sogar zur Blindheit führen.[8] Besonders fatal sei — bemerkte sein Kollege Dr. Heermann — eine falsche Atmung: »Ein Hauptfehler, der von den Radfahrern gemacht wird, ist, dass sie mit offenem Munde fahren ... Die Folge davon wird die Schädigung der oberen Luftwege und der Lungen durch die Einathmung einer ungenügend angewärmten, zu trockenen und auch mit zu vielen Verunreinigungen beladenen Luft sein.«[9] Nota bene handelte es sich hier um Reflexionen aus dem Jahre 1898 und nicht um Erhebungen über Luftverschmutzung aus

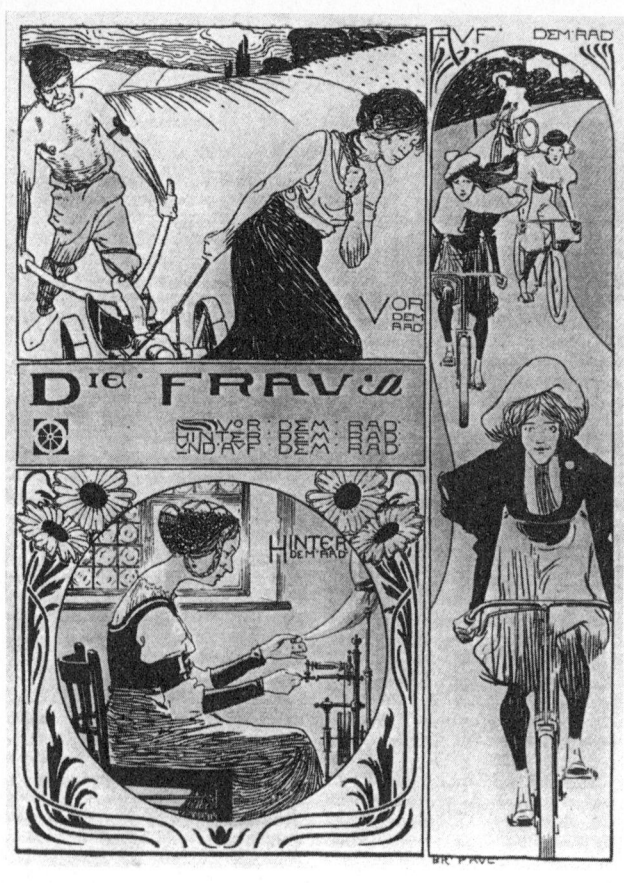

Zeichnung von Bruno Paul:
»Das Weib vor, hinter und auf dem Rade«.

den heutigen Tagen! Die Visionen der Ärzte übertrafen ohnehin die Vorstellungskraft von Normalsterblichen. Denn auch das Berganfahren wurde als eindeutige Gefahrenzone betrachtet. Allein die Tatsache, daß der Fahrer seine Überanstrengung nicht bemerken würde, weder den schnellen Schlag des Herzens noch die rasche Bewegung seiner Atmung. »Auf der staubigen Chaussee liegt sein Weg, und keine Ermüdung gebietet ihm Halt, kein Mass steht ihm zur Verfügung, nach dem er sich richten könnte.«[10] Das Fahren versetze ihn in einen »merkwürdigen psychischen Zustand, den die schnelle Vorwärtsbewegung und das monotone, regelmässige Treten hervorbringen. ›Es ist eine Art Hemmung gewisser Hirnteile‹, sagt Tissié, ein automatischer Vorgang, wobei gewisse physische Empfindungen nicht mehr deutlich zum Bewusstsein gelangen und die Gedanken einschlafen, eine Art Anästhesie, die gewiss nur entfernt mit der des Haschisch vergleichbar ist.«[11]

Eher harmlos erschienen solche Phantasien gegenüber den möglichen Risiken für die Damenwelt. Das Radeln erschüttere nicht nur das Nervensystem, sondern gleichermaßen die Unterleibsorgane. Die Angst des »Vornüberfallens« – so die Ärzte – ließ den Adrenalinspiegel der Frauen in schwindelerregende Höhen schießen. Die potentiellen Mütter von Morgen setzten nicht nur ihre eigene Gesundheit aufs Spiel, sondern das Wohlbefinden kommender Generationen. Der Akt des Tretens führe zur Blutansammlung in den weiblichen Beckenorganen. Die Muskeln des Beckeneingangs vergrößerten sich, und eben dies könne zu mannigfachen Krankheiten der Unterleibsorgane führen. Besonders schädlich galt das Radeln zur Zeit der monatlichen Blutung. Hier überschlugen sich die Angstvisionen der Mediziner. Menstruationsbeschwerden – schmerzhafte Blutung oder Ausbleiben derselben –, Geschwüre,

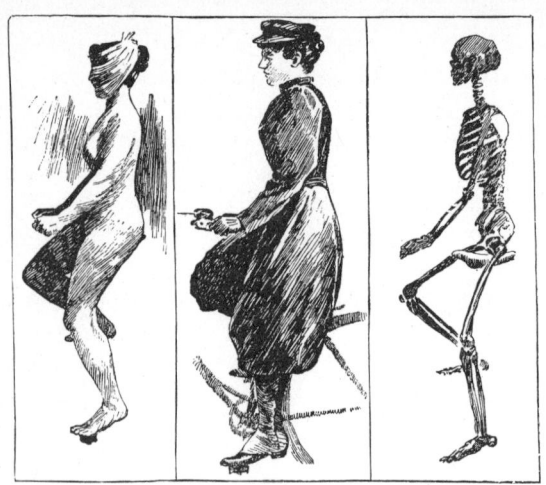

Richtiger Sitz.

Richtiger Sitz von hinten.

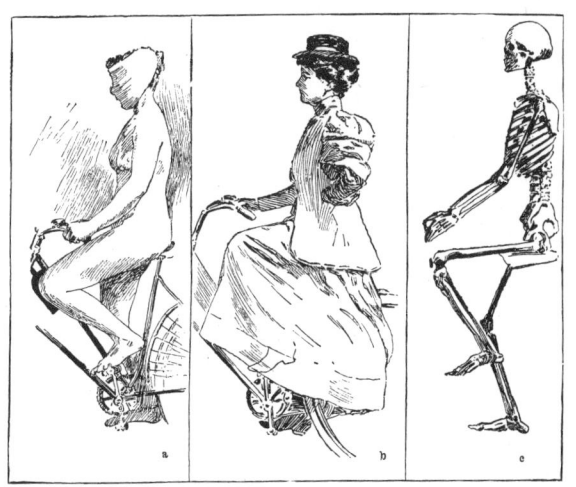

Falscher Sitz mit zu stark gekrümmtem Knie.

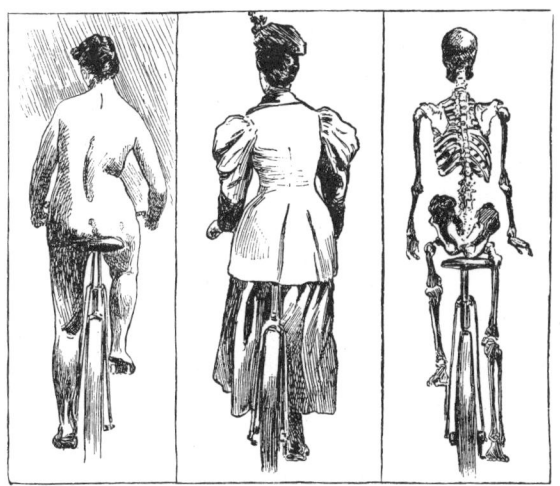

Falscher Sitz von hinten.

die Erschwerung des Geburtsaktes waren das mindeste, was den Frauen blühte. In »ihrer Zeit« sollten sie weder Möbel rücken, Eisenbahn fahren, noch sich irgendwie sportlich betätigen. Den Frauen wurde angeraten, sich in jeder Hinsicht zu schonen und das Ende der »blutigen Angelegenheit« nicht auf dem Velo, sondern im Bett oder in ruhiger Lage auf der Chaiselongue abzuwarten.

Viele Ärzte wandten sich aus ästhetischen Gründen gegen das Damenradeln. Der falsche Sitz, die »Katzbuckel-Haltung«[12] und das entstellende »Bicycle-Gesicht« ließ sie um die Schönheit der Frauen bangen: »Haben Sie jemals etwas Abstossenderes, etwas Häßlicheres, etwas Gemeineres gesehen, als ein mit puterrothem Gesicht, vom Staube entzündeten Augen und keuchenden Lungen auf dem Zweirade dahinrasendes Frauenzimmer? Ich nicht! Eine solche Erscheinung tritt nicht nur ihre Pedale, sondern auch die primitivsten Grundgesetze der Aesthetik mit Füssen! Pfui Deibel! mit Respekt zu sagen. Ist an solch' einer Radfurie auch noch eine Linie schön? Etwa der krumme Rücken oder die nach der Hinterradseite weit und provokatorisch ausladende Sitzgelegenheit? Der grösste Reiz des weiblichen Körpers ist sanfter Linienfluss, gefällige Rundung! Aber das Radfahren macht unsere Frauen dürr und eckig, unweiblich aussen und innen. Hat Bonaventura Genelli ... je eine Radlerin gezeichnet? Gewiss nicht! Oder Peter Cornelius? Oder Nathan Sichel? Keine! Keiner! Herunter vom Rade, weibliches Geschlecht, oder Du hast das Recht verwirkt, das schöne zu heissen!«[13]

Wer wagte angesichts solcher Drohgebärden noch, den Drahtesel zu besteigen? Die Mutigsten unter den Damen. Sie waren begeistert. Sie scherten sich in keiner Weise darum, daß sie sich gar zu einem »Geschlecht absolut steriler Frauen«[14] entwickelten! Darüber hinaus forderten sie ihre Geschlechtsgenossinnen auf:

»Fragt in Radfahrangelegenheiten um ärztlichen Rat nur einen Arzt, der selbst Radfahrer ist. Selbst der allergeheimste Herr Medizinalrat, und wenn er von medizinischer Weisheit trieft, – das Radfahren und dessen Wirkungen kann er nur beurteilen, wenn er selbst Radfahrer ist. Welche Urteile der nicht radfahrende Arzt ... unter Umständen loslässt, ist schier unglaublich. Hat doch vor noch gar nicht langer Zeit eine unserer grössten Berliner Autoritäten Radfahren und Treppensteigen auf die gleiche Stufe gestellt.«[15]

Jene Berliner Autorität war keine geringere als Dr. Martin Mendelsohn, der tatsächlich das Radeln als »Treppensteigen im Sitzen«[16] bezeichnete. Wieder andere sahen Parallelen zum Reitsport. »Was beim Pferde die Bügel, sind beim Rade die Pedale«[17], stellte Dr. Martin Siegfried 1897 lapidar fest. Auch das Nähmaschinetreten konnte angeblich einem Vergleich standhalten. Die Näherin mußte ebenfalls »eine vornübergeneigte Stellung einnehmen«, welche einen »starken Druck auf die Bauch- und Beckenhöhle«[18] hervorrufe und die Gebärfähigkeit beeinträchtige. Doch niemand verbot den Frauen die anstrengende Arbeit an der Nähmaschine! Ganz im Gegenteil. Die ökonomisch denkenden Herren vertraten die Ansicht: »Wenn das zarte Geschlecht absolut das Bedürfniss zur Bethätigung seiner Strampelkraft fühlt, so kann es diese ebensogut an der Nähmaschine effektuiren. Das Geld für die Anschaffung von Rädern, Reparaturen, Sportskleidung würde die Frau viel besser auf die Sparkasse tragen.«[19]

Das alles waren nur Vorwände, denn es ging ums Prinzip. Die Frauen sollten nicht radeln, sondern gebären. Was nur sollte aus den Kindern werden, fragten die Besorgten, wenn die Damen sich aufs Velo schwangen?[20]

Die Werbung suggerierte den Frauen die Befreiung durch das Fahrrad und die Nähmaschine. Daß dies nicht der Realität entsprach, liegt auf der Hand; um 1896.

Onanie auf dem Sattel? –
Die »unzüchtige« Radlerin

*»Der Sattel (ist) zur Zeit das Schmerzenskind sowohl der
Radler wie der Erfinder.«* (Dr. med. Martin Siegfried,
1897)

Ein »Schmerzenskind« schien der Sattel wirklich gewesen
zu sein. Fast wöchentlich boten die Firmen ihre neuesten
Modelle an, aber es half alles nichts. Die Gesäßschmerzen
hatten zur Folge, daß Radler und Radlerinnen oft genug
»stöhnend und thränenden Auges absitzen mußten«[21]. Die
Machart reichte denn auch von dem Sattel mit Holzgestell
über den Dreifeder-Damenledersattel bis hin zum pneu-
matischen Luftkissensattel.

Die Sattelproblematik bereitete den Männern und
Medizinern noch in anderer Hinsicht wahre Schmerzen:
»Es kann keinem Zweifel unterliegen, dass, wenn die
betreffenden Individuen es wollen, kaum eine Gelegenheit
zu vielfacher und unauffälliger Masturbation so geeignet
ist, wie sie beim Radfahren sich darbietet. Wenn man, was
vorgekommen ist, ganz absieht von denjenigen Fällen, in
denen der Sattel in ganz besonderer Absicht mit einem
nach oben gekrümmten Vordertheile versehen wurde, so
bietet auch sonst der Sitz, rittlings mit ausgespreizten
Schenkeln, ausreichende Möglichkeit, solchem Hange
nachzugeben.«[22]

Eine falsche Sitzhaltung – die »vornübergeneigte Haltung des Körpers«[23] – und der damit verbundene Druck
auf die Klitoris habe auf alle Fälle stimulierende Wirkung.
Die anstrengende Tretbewegung erzeuge Wärme und
Blutzufuhr im Genitalbereich. Schließlich und endlich tue
die frische Luft ihr übriges und ließe die sexuelle Libido
bei manchen Frauen ins Unermeßliche steigen.[24] Radeln

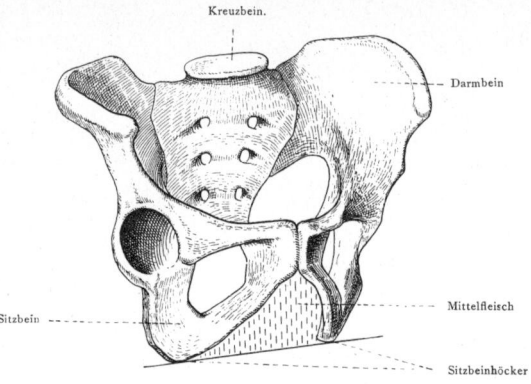

*»Vorderansicht des Beckens. Der Abstand der beiden Sitzbeinhöcker
beträgt 10 cm beim männlichen, 12 cm beim weiblichen Geschlecht. Deshalb muss auch der Damensattel mindestens 2 cm breiter sein als der Her-
rensattel. Von den Sitzbeinhöckern bis an den Sattelrand sollten beim nor-
malen Sattel immer noch circa 5 cm Raum verbleiben, woraus sich die
Gesamtbreite des Herrensattels mit circa 20 cm, des Damensattels mit 22
cm ergiebt.«* (Paul von Salvisberg, 1897)

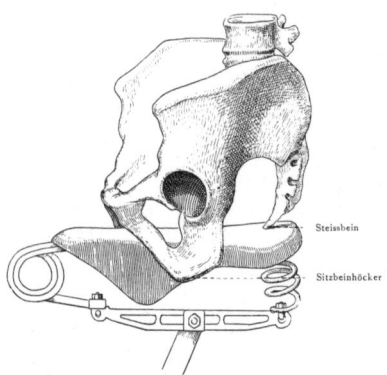

*»Falsche Sattelstellung, falscher Sitz. Vor- und Hinabgleiten des Beckens
bei horizontal gestelltem Sattel und dadurch bedingten schädlichen Sattel-
druck.«* (Paul von Salvisberg, 1897)

46

und Masturbation – das ging denn doch zu weit, zumal die »Selbstbefleckung« nach damaligen Vorstellungen zu Nervenerkrankungen oder Entzündungen an der Vulva führte.[25] So malte der Arzt Kisch ein besonders düsteres Bild der Onanistinnen: »Die Mädchen sind hierbei zuweilen schon äußerlich in ihrem ganzen Auftreten auffällig. Sie sind blaß, mit müdem Gesichtsausdrucke, dunkel umranderten, matten Auge, träge in ihren Bewegungen (und) lieben es recht lange im Bette zu bleiben.«[26]

Nur die wenigsten schienen sich ihre Befürchtungen praktisch vor Augen geführt zu haben. Hatten sie etwa des öfteren Gelegenheit, Damen zu beobachten, die – sich am Sattel und den Vibrationen erfreuend – jauchzend vor sexueller Lust bergauf radelten? Wohl kaum, es schien, als müßte ein neues Argument herhalten, um den »unzüchtigen« Radlerinnen entgegenzutreten. Die fortschrittlichen Vertreter der Zunft bezweifelten ohnehin die Theorie von der Onanie auf dem Sattel:

»Auch bei stark vornübergebeugtem Oberkörper dürften meines Erachtens masturbatorische Neigungen nicht leicht entstehen. Die Frauen müssen doch viel zu viel auf den Weg Obacht geben, so dass eine sehr starke psychische Ablenkung stattfindet.«[27]

Ein anderer mutmaßte, daß Ipsation nur bei solchen Frauen vorkomme, die »schon so verdorben sind, dass ihre Moral durch das Radfahren nicht mehr geschädigt werden«[28] könne. Ein Gynäkologe wollte es ganz genau wissen und befragte seine Patientinnen. Keine von ihnen hatte sich diesem Drange auf dem Rad hingegeben, berichtete er und versuchte, seine aufgeregten Kollegen zu beruhigen.[29]

Zu guter Letzt jedoch sollte der neu entwickelte »Christysattel« beinahe allen Phantasien um Masturbation ein Ende bereiten. Tat er es? Oder hatten sich die Sittlichkeitsapostel etwa an den täglichen Anblick der radelnden Onanistinnen gewöhnt?

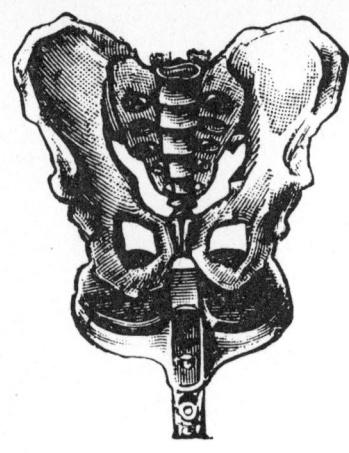

Das »Allheilfahren« – Radeln als Therapie

»Ich sehe im Radfahren der Frauen die Morgenröthe einer neuen Aera für das Weib überhaupt!«
(Dr. Alfons Meier-Wurrmannsquick, 1896)

Was war geschehen? Was nur riß den Verfasser des Werkes *Aesthetische Tiefen* zu solchen Begeisterungsstürmen hin? Gerade die Ästhetiker hatten doch stets um die Schönheit der Radlerinnen gebangt. Selbst unter den Medizinern wuchs die Zahl der Freunde des Damenradelns. So gab ein Gynäkologe zu bedenken: »Wenn ein Mädchen im staubigen Ballsaal von acht Abends bis drei Uhr Morgens, geschnürt bis zum Abbrechen und durch zugige Winkel mit blossem Halse und Busen rasend, ohne Schaden für seine Gesundheit tanzen kann, so werden ihm ein paar

Stunden Radfahrens in frischer Luft gewiss nicht schlecht bekommen.«[30]

Recht hatte er! Doch was war der Grund für diesen Sinneswandel?

Zum einen war es die schlichte Tatsache, daß sich zunehmend mehr Ärzte selbst auf das »gesundheitsschädigende« Gefährt schwangen und keine nennenswerten Schäden davontrugen. Es gab begeisterte Radfahrer unter ihnen. Auch solche, die das Velo beruflich nutzten. Nach der Devise »Kommt Zeit, kommt Rad« entwickelte ein Arzt die »praktische Radtasche für Geburtshilfe und Gynäkologie«[31].

Das Radeln wurde zur Mode. Im Jahre 1896 produzierte die deutsche Fahrradindustrie 200 000 Räder. Allein in München wurden 12 000 radelnde Menschen gezählt, darunter zunehmend mehr Frauen.[32] Die Ärzte führten Befragungen ihrer Patienten und Patientinnen durch. Ein Gynäkologe berichtete nicht ohne Stolz, daß 24 Radlerinnen die Liebenswürdigkeit besessen hatten, ihm getreu auf seine Fragen zu antworten.[33] Alle hatten den günstigen Einfluß auf Schlaf und Appetit bestätigt, lobten das Bicycle als individuelles Fortbewegungsmittel und begrüßten die neue Form ihrer Mobilität. Die Damen fuhren bergauf und bergab, in der Zeit der Schwangerschaft und Menstruation und erlitten weder physische noch psychische Schäden. Das klang überzeugend.

Darüber hinaus wurden Heilerfolge durch das Radeln bekannt. Der Fall einer herzkranken Frau aus Wien schien die letzten Skeptiker zu besänftigen: Trotz Lungenblutung und Blutauswurf hatte sich diese Dame 1893 ohne Wissen der Ärzte aufs Dreirad gewagt. Sie vertrug dasselbe gut, verlor an Gewicht und wurde geheilt.[34] Den Schreckensvisionen über Radlertod und Bicycle-Erkrankungen wurden nun die Therapieerfolge gegenübergestellt. Bei Gicht, Herz-

»Im Fluge durch die Welt«. Studie nach Darwin.

und Bronchialerkrankungen, allgemeiner Muskelschwäche, Verkrümmungen der Wirbelsäule, Magenkrankheiten, Verstopfung, Hämorrhoiden, Bleichsucht, Gebärmutterentzündungen, zu starker Blutung oder Ausbleiben der Periode hatte das Radeln kurierend gewirkt. Placzek empfahl es als Therapie bei anstrengender geistiger Tätigkeit, da es die »Blutüberfüllung des Gehirns« vermindern würde. Er begrüßte — im Gegensatz zu Tissié — die kurzzeitige »Hemmung gewisser Hirnteile«.[35]

Auch bei Nervenschwäche und der angeblich typischsten aller Frauenkrankheiten — der Hysterie — wurde jetzt das Velocipedieren verordnet: »Vor Allem gestaltet sich das Radfahren als wirksamste Medicin gegen den Dämon unseres Jahrhunderts, gegen die gleich einer Epidemie grassierende Nervosität ... Eine Fahrt auf dem Stahlroße ... stärkt und stählt nicht nur den Körper, sondern wirkt erfrischend auf Geist und Gemüth und neubelebend auf die abgespannten Nerven. Ein köstliches Wohlgefühl steigt in der Radfahrerin auf und befähigt sie, jene Widerwärtigkeiten, von denen sie, sei es nun bei Erfüllung ihrer Berufspflichten, sei es im Hause, heimgesucht wird, leichter zu ertragen. Ist eine Dame gar hypochondrisch und übellaunig, dann erweist sich das Radeln als ein Heilmittel, das nicht genug anempfohlen werden kann. Bald verwandelt

Titelbild des Ratgebers von Dr. med. Carl Fressel.

sich eine solche von ›Weltschmerz‹ gepeinigte Frau in eine heiter gestimmte Radfahrerin, deren vormals melancholische Mienen sich zusehends erhellen.«[36]

»Das Fahrrad ist in physischer Beziehung als ein Bote des Heils zu dem weiblichen Geschlecht gekommen«[37], bemerkte Eduard Bertz im Jahre 1900. Es brachte den Frauen das, was ihnen nach Meinung der Ärzte fehlte: »Kräftige ... Bewegung in freier Luft!«[38]. Die Männer befürchteten nämlich, daß sich die Frauen in eine »engbrüstige, wadenlose, schmalhüftige und bleichsüchtige Rasse«[39] verwandeln könnten und somit den gesunden Erhalt der Menschheit gefährdeten. Vorher noch als »gebärunwillige«, verantwortungslose Radfurien verschrien, bemerkten die Mediziner nun, daß das Velo erfrischend auf Leib und Seele der Frauen wirkte. Es ging eben immer um das eine: die optimale Gebärfähigkeit des weiblichen Geschlechts. Stets wurde von den Pflichten geredet und niemals von den Rechten der Frauen. Aber die Frauen nahmen sich ihre Rechte und radelten von dannen, ob es die Mediziner guthießen oder nicht.

III

Modisch, mutig und mobil

Mode um 1883 – die Turnüre.

Mit Schirm, Charme und Korsett –
Die Damenkleidung um die Jahrhundertwende

»Das weibliche Kleid ist ein Schutzmittel der weiblichen Keuschheit.« (Eduard Bertz, 1900)

Die Radlerinnen hatten es wirklich schwer! Nicht nur die Vorbehalte der Mediziner hinderten sie daran, unbeschwert das Rad zu besteigen, sondern auch der Rock. Der bodenlange, unbequeme, nach unten enger werdende Rock! Wie sollten sie ihre Beine über die Mittelstange schwingen, ohne kurzfristigen Einblick in die unter dem Kleid getragenen Wäschestücke zu geben? Abgesehen davon, daß das Modediktat mehr und mehr den engen Rock vorschrieb, so daß es gänzlich unmöglich war, die Beine zu spreizen und aufzusitzen. Hatten sie es endlich geschafft, und den Sattel erobert (weiß der Himmel wie!?), lauerten weitere Gefahren. Der Rock konnte sich in den Speichen verheddern. Der Fahrtwind sorgte für das Hochfliegen des Kleides. Die Tretbewegung ließ Tabuzonen wie weibliche Knöchel zum Vorschein kommen. Die Kopfbedeckung verrutschte. Die Frisur war dahin und und und ...

Schier unüberwindbare Probleme taten sich auf. Und das in Zeiten, in denen sich die Damenmode schon von so manchen modischen Torheiten der Vorjahre verabschiedet hatte. So von der Krinoline, dem Reifrock oder von der Turnüre, einem künstlichen Gestell über dem Gesäß zur Drapierung des Rockes. Die Turnüre bestand aus Roßhaarpolstern oder Stahlschienen in Hufeisenform. Das Kleid war eng geschnitten, bauschte sich aber zum Gesäß hin auf. Als einige Jahre später der Rock noch enger gearbeitet wurde und ein normales Gehen kaum mehr möglich war, banden sich einige Frauen die Knie zusammen. Nun

Im Katalog der Firma Otto Landauer aus München werden um 1895 überwiegend Röcke angeboten, denen man es nicht ansieht, daß sie eigentlich Hosen sind.

kamen sie gar nicht erst in Verlegenheit, zu große Schritte machen zu wollen.

Auch um die Jahrhundertwende erschwerte das Modediktat die Ausbreitung des Damenradsports. Die Silhouette der Frauen in diesen Jahren glich einer »Sanduhr«[1]: Die Ärmel weit aufgeblasen, das Oberteil enganliegend und die Taille geschnürt. Der Rock war über die Hüften glatt gespannt und formte sich vom Knie bis zum Boden in Glockenform.[2] Accessoires wie Tücher, Fächer und der Sonnenschirm spielten eine große Rolle. Marie von Bunsen beschrieb sehr eindrucksvoll, was es vor einer Reise zu bedenken galt: »Ich überlegte mir sorgfältig, mit wieviel

Sonnenschirmen ich auskommen könnte: ein praktisch solider, ein einfacher, ein heller, ein guter farbiger, seidener zum besten Straßenanzug passend, ein luftiger, ein reich garnierter zum eleganten Nachmittagskleid. Das reichte zur Not. Ein ganzer Stoß von dichteren und leichteren Schleiern wurde zurechtgelegt, ein ganzer Haufen von Handschuhen wurde für die verschiedenen Gelegenheiten benötigt.«[3]

Auch die langen Schleppen von ein bis zwei Metern Länge waren »en vogue«. Sie wurden nicht mal beim

Französische Karikatur der Krinoline.

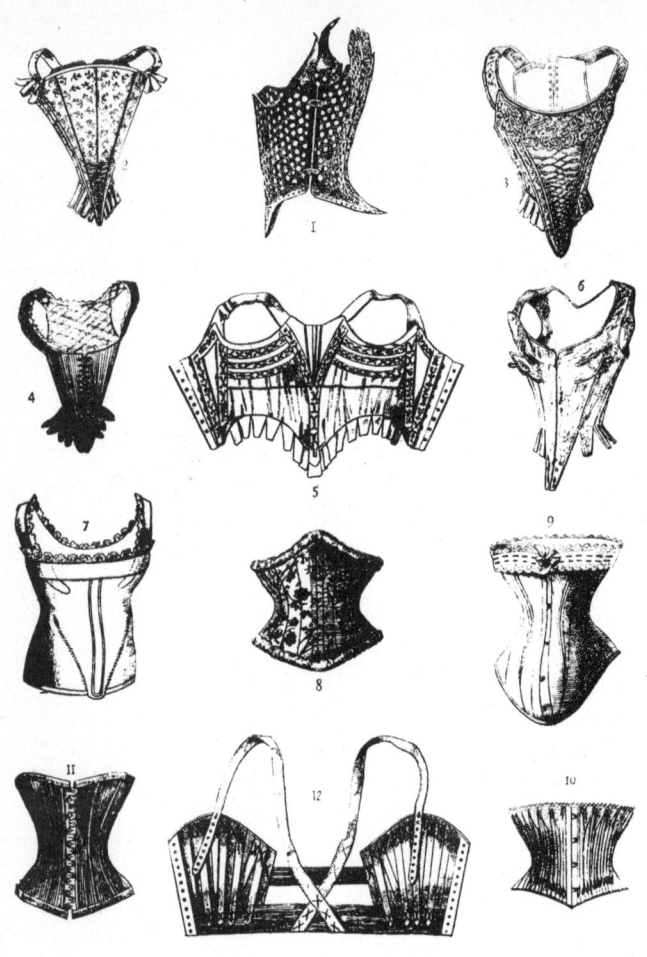

Korsettformen vom 16. bis zum 19. Jahrhundert.

Gehen aufgenommen, so daß die Frauen feinsäuberlich die Straßen kehrten. Die umständlichen Kleider bargen weitere Gefahren: »Beschädigt ein Radfahrer das Kleid einer über die Strasse gehenden Dame dadurch, dass er aus Unachtsamkeit in das Kleid hineinfährt ... so liegt eine strafbare Sachbeschädigung nicht vor, da die Beschädigung nicht gewollt, sondern nur eine unerwünschte Folge der Handlung des Radfahrers ist.«[4] Probleme über Probleme, wohin die Frau auch ging oder fuhr. Aber wer schön sein wollte, mußte leiden.

Das Schönheitsideal dieser Jahre lautete »Schlankheit über alles«. Daher zwängten sich die Frauen in das bisher gesundheitsschädlichste aller Korsette – in das Korsett *sans ventre,* ohne Bauch. »Der Körper erschien in einer Art ›S-Kurve‹, die obere Hälfte ragte nach vorne, während die untere Hälfte zurücktrat.«[5] Selbst kleine Mädchen trugen schon ein Leibchen oder gar ein panzerartiges Korsett und nahmen in dem Marterinstrument am Turnunterricht teil. Immer mehr Ärzte wiesen auf die gesundheitsschädigenden Wirkungen der übertriebenen Schnürungen hin. Verletzungen der inneren Organe, wie Leber, Niere, Magen, die sogenannte »Schnürfurche«, Atembeklemmungen waren immer wieder zu beobachten. Auch für die häufigen Ohnmachtsanfälle in der Damenwelt war das Korsett verantwortlich. Sogar von Todesfällen wurde berichtet: »Eine junge Dame, bewundert von allen Nebenbuhlerinnen wegen ihrer schlanken Taille, war zwei Tage nach einem Balle tot. Was war geschehen? Ihre Familie wollte wissen, was diesen plötzlichen Tod in so früher Jugend verursacht hatte, und man beschloß, eine Autopsie vorzunehmen. Der Befund war erschütternd: Die Leber von drei Rippen durchbohrt!!! So also stirbt man mit dreiundzwanzig Jahren! Nicht am Typhus, nicht im Kindbett, sondern am Korsett!«[6]

Ein entschiedener Gegner forderte gar, eine Steuer von mindestens 100 DM auf das »Folterinstrument« zu erheben.[7] Es dauerte noch einige Jahre, bis das Korsett endgültig aus dem Kleiderschrank der Frauen verbannt wurde. Selbst die ersten Modelle einer Sportbekleidung waren für korsetttragende Frauen konzipiert. Hermynia zur Mühlen erinnerte sich nur ungern an all die modischen Quälereien: »Die Frau von 1900 war eine Märtyrerin, die mit heldenhaftem Lächeln Leiden erduldete und verbarg. Damals mußte man vor allem ›Taille‹ haben; die ideale Taille war jene, die von zwei normal großen Händen umspannt werden konnte: Man zog das Korsett ungeschnürt an, dann preßte man beide Arme fest in die Seiten, hielt den Atem an, und die Kammerzofe zog mit Leibeskräften an den Korsettschnüren. Nun kam eine kleine Pause, man holte Atem, und die Kammerjungfer sammelte neue Kräfte. Die Prozedur wurde abermals wiederholt ... Die Frisur nahm etwa eine Stunde in Anspruch. Zahllose kleine und große Haarnadeln hielten echte und falsche Locken und Zöpfe fest. Dann wurde der Riesenhut aufgesetzt, und Hutnadeln wurden hineingesteckt. Oft waren die Hüte nur auf einer Seite mit Blumen und Vögeln garniert, so daß das ganze Gewicht auf eine Stelle drückte. Nach zehn Minuten bekam man Kopfschmerzen, das Korsett ließ einen nicht atmen, die Kragenstäbchen bohrten sich in den Hals ein, die ungeheuren Ballonärmel hinderten jede freie Bewegung. So gingen die Frauen heldenhaft lächelnd auf die Promenade und hielten in der rasch ermüdenden Hand die Schleppe hoch.«[8]

Kein Wunder also, daß die ersten Radlerinnen Männerkleidung bevorzugten. Sie diente nicht nur der Tarnung, sondern machte es den Damen überhaupt erst möglich, den neuen Sport auszuüben.

Daß das Radeln im Rock wirkliche Gefahren mit sich brachte, zeigt diese Karikatur nur allzu deutlich; um 1870.

Mit Schirm, Charme und Korsett präsentierten sich die Frauen der Öffentlichkeit – aber nicht mehr lange. Denn die Radlerinnen brachten nicht nur ihre Räder ins Rollen, sondern auch die Diskussion um eine neue, »uncharmante« Kleidung.

Rock oder Hose? –
Der Disput über die »Unaussprechlichen«

»Eine Frau, die in der Pumphose fährt, hat jeden Anspruch auf Weiblichkeit verloren, sie kann weder Taktgefühl noch Geschmack haben. Gott sei Dank, es bekennen sich nur Wenige zu dieser Geschmacksverirrung.« (Anonym, 1898)

In einer Zeit, in der ein Mann vor der Frau die Treppe hinaufschreiten mußte, um nicht den Verdacht zu erwecken, ihre Beine sehen zu wollen, und in einer Zeit, in der niemand auch nur ahnen durfte, daß die Frau »mehr als Knöchel habe«[9], galt die Hose als wirkliche Revolution. Eine Dame durfte das Wort noch nicht einmal in den Mund nehmen. Sie nannte sie »Beinkleid« oder einfach die »Unaussprechlichen«.[10] Da aber die »Unaussprechlichen« so praktisch beim Radeln waren, sah »mann« sie doch! Radlerinnen in Pantalons! Erst vereinzelt, in den 90er Jahren immer zahlreicher. Bald waren sie das Thema Nummer Eins. Als sie sich 1897 auch noch erdreisteten, in Oxford einen »Hosenkongreß« einzuberufen, war der Eklat perfekt. Höhepunkt ihrer Aktion war das Diner. Provokant setzten sich über hundert Damen zu den Freuden der Tafel in Kniehosen nieder, um zu demonstrieren, daß sie zukünftig nicht nur auf dem Velo die Hosen anbehalten wollten. Die Presse reagierte mit Hohngelächter und Satire auf diese neue Mode. Hosenwitze kursierten. In einigen Zeitschriften wurden Enqueten zu dieser Frage erhoben. Die Damen- und Herrenwelt spaltete sich an der »Hosenfrage« in unerbittliche Lager:

Zunächst einmal gab es die eindeutigen Befürworterinnen. »Ich bin für jede Einrichtung, welche sozusagen der Frau die Hosen in die Hand gibt«[11], bemerkte eine Radlerin. Und Amelie Rother stellte fest: »Auf die erfahrene Radfahrerin wirkt das Gezänk ›ob Rock, ob Hose‹ geradezu komisch. Es kommt einem ungefähr so vor, als ob plötzlich unter den Herren ein Zank ausbräche, ob Wasserstiefel oder Lackschuh vorzuziehen sei ... Dass das Prinzip der Hose ein durchaus vernünftiges ist, dürften selbst deren erbitterte Gegner kaum bestreiten. Die Frau hat genau ebenso viel Beine, wie der Mann, sie bedient sich derselben, besonders beim Radfahren, in genau derselben Weise, sollte also doch eigentlich darauf bedacht sein, sie ebenso praktisch zu bekleiden, d.h. jedem Bein seine eigene Hülle zu geben, statt beide in eine zu stecken. Ist doch noch niemand darauf gekommen, beide Arme in ein Futteral zu stecken.«[12]

Für Amelie Rother war die Hose das »Palladium der Radfahrerin«, ein Heiligtum und unbedingtes Muß beim Radeln. Das aber überschritt die Toleranzgrenzen der traditionsbewußten Frauen. Damen in Pumphosen! Sie lehnten sie schlichtweg ab. Eufemia von Piepmann, Ehrendame des Sittlichkeitskränzchens in Neuberg, hielt die Hose für den »Rand des Abgrunds« und meinte, daß die Radlerinnen in Hosen sämtliche moralischen Werte in Grund und Boden strampelten: »Eine Frau, die ihren Gatten liebt, wird ihm eine Hose niemals zumuthen, weil sie ein Zeichen von in die Brüche gegangener Sittlichkeit ist.«[13]

Natürlich ließen sich die ohnehin Verunsicherten von solchen Reden beeindrucken. Sie wagten sich nicht aufs Velo und klagten und seufzten: »Was mich anbetrifft, so weiss ich jetzt wirklich nicht mehr, was ist unmoralischer: das Radfahren oder die Radfahrerkleidung – die Pumphose oder der Rock? Mir ist von alledem so dumm, als ging mir ein Mühlrad im Kopfe herum.«[14]

Die Pragmatischen unter den Frauen agierten nach dem Motto »alles zu seiner Zeit«. In der Stadt fuhren sie im Rock, auf der Landstraße, wo es niemand sah, in Hosen. Bisweilen verfielen sie auch auf außergewöhnliche, heute eher schwer nachvollziehbare Tricks, um aus dem Rock mal eben ein hosenähnliches Kleidungsstück zu machen: »An dem an der Innenseite des Rockvorderteils sitzenden Doppelring ist das Zugseil befestigt; es läuft zwischen den Beinen der Trägerin hindurch zu dem am hinteren Rockteil etwas tiefer sitzenden einfachen Ring, von dort zurück zum zweiten Auge des Ringes und endlich durch ein Loch im Rock nach aussen. Bevor die Dame das Rad besteigt, zieht sie an der Schnur oder dem Band; dadurch wird sofort der hintere Teil des Rockes eingezogen, während die beiden Rockseiten in gleichmässiger Weise nach den Seiten verteilt werden. Die Dame kann nun ihren Sitz im Sattel einnehmen, ohne sich später noch einmal in den Pedalen erheben und das Kleid ordnen zu müssen.«[15]

Die Selbstbewußten ließen sich von dem Gezänk, ob Rock oder Hose, nicht im geringsten beeindrucken, sie hielten sich an die Empfehlung des *Vademecums für Radfahrerinnen:*

»Trägt eine Dame Pantalons, so ist es am rathsamsten, wenn sie diesem Unterschied zu ihrem sonstigen Costüm keine Beachtung schenkt und sich so unbefangen und sicher benimmt, als ob sie mit dieser Kleidung von jeher vertraut wäre.«[16]

Und die Herren der Schöpfung? Da gab es die Modernen, die den Frauen den Radfahrgruß zuriefen: »All Heil for ever — auch in Hosen!«[17]. Dann die Sparer: »Natürlich bin ich für die Hose, denn sie bedingt die grösste Einfachheit der Radfahrtoilette und damit auch die grösste Sparsamkeit!«[18] Und die Hygieniker: »Hosen sind bequem, praktisch und gesund!«[19], aber vor allem die Mahner. Die Hose galt ihnen als »sinnengefährliches Objekt«, als anstößig, geradezu »schamverletzend und empörend«[20]. Die prüden Vertreter der Gesellschaft fürchteten, daß die weibliche Anmut verloren ginge und sich die Frauen emanzipierten. Sie ängstigten sich vor den selbstbewußten Damen, die die Hosen anhatten. Darüber hinaus mußten sie befürchten: »Wenn die Frau per Rad über Land ist, wird dem Mann, falls er Hunger hat, nichts übrig bleiben, als selbst zu kochen.«[21] Was für Aussichten! Aber die Radlerinnen im modernen Velocipedanzug waren nicht mehr aufzuhalten, und an dieser schlichten Tatsache änderten auch die Reden der Antihosenfraktion nichts mehr.

A Regular Scorcher

Ein neuer Sport für Damen. Die skeptischen Männer...

Der Bicycle-Look oder
Die »Vermännlichung der Weiber«

»Vernunft und Mode waren von jeher feindliche Schwestern, und es wäre das Wunder der Wunder, wenn sie sich plötzlich versöhnten.« (Eduard Bertz, 1900)

Das Wunder der Wunder geschah. Auf dem Velo — so schien es — schlossen sich Vernunft und Mode schwesterlich in die Arme. Denn die Radlerinnen hatten nicht nur den Rock geteilt, sondern sich von einigen modischen Torheiten verabschiedet. Aufwendige und unbequeme modische Accessoires machten sich denkbar schlecht auf dem Drahtesel. Das Korsett wanderte trotz einiger Vorbehalte in die Rumpelkammer und wurde durch Reformleibchen ersetzt. Denn »wie soll der unglückliche Brustkorb sich weiten, wenn er in einem Stahlpanzer steckt?«, fragte sich Amelie Rother.[22] Bevorzugte Modelle waren die gestrickten Korsetts. »Dieselben bestehen aus einem durchlässigen und elastischen wollenen oder baumwollenen Trikotgewebe und enthalten keine Stahlstangen, sondern nur einige Fischbeinstangen, welche mit Leichtigkeit zum Zwecke der Wäsche herausgenommen werden können.«[23] Auch die Korsetts aus Gurtbändern und die neuen Büstenhalter erfreuten sich zunehmender Beliebtheit. »Am freiesten und wohlsten«, so eine Radlerin, »fühlt man sich allerdings mit ganz unbeengtem Oberkörper«[24]. Nicht die Wespentaille war gefragt, sondern der bequeme, leichte und praktische »cycledress«. Bei allem Pragmatismus durfte jedoch der »ästhetische Sinn« nicht verletzt werden. »Im großen und ganzen gehört zur richtigen Wahl des Bicycle-Anzuges ein klares, durch keine Einbildung getrübtes Auge, eine weise Erkenntnis und richtige

Rollentausch 1901: Während er sich mit der Wäsche abmüht, zieht sie es vor, radeln zu gehen.

Geschmacksempfindung gerade so, wie zur Wahl eines Straßenkleides«.[25]

Wie und was das ungetrübte Radlerinnenauge sehen und beachten sollte, bestimmten im wesentlichen die Modehäuser. Ihr Repertoire reichte von den Velociped-Gamaschen, über Schnürstiefelchen aus weichem Leder bis hin zu den originellen Hütchen oder Handschuhen: »Als Kopfbedeckung eignet sich am besten ein einfacher Hut oder eine leichte, elegante Sportmütze, der Hut in der kleidsamen, anspruchslosen Matrosenform mit einem fesch gesteckten Bande geziert, die Mütze in der Farbe mit

Preisgekrönt !

Porös-wasserdichte, echte

Loden-
Radfahr-
Costumes,

praktisch —

kleidsam —

decent —

fesch !

Sport-Costumes

aus Seiden- und Wollen-.
Sport-Fantasie-Stoffen !

Sport und Mode
F. HIRSCHBERG & C<u>o.</u>
═ **MÜNCHEN.** ═

Proben portofrei. — Gratis der reich illustrirte Catalog.

dem Kleide harmonirend. Die letztere kleidet jugendfri-
sche Gesichtchen oder Lockenköpfe äußerst schmuck und
pikant, der Hut hingegen bietet dem Teint und den Augen
doch einigermaßen gegen die Einwirkung der Sonnen-
strahlen Schutz und kann zu diesem Behufe noch durch
Schleier ergänzt werden. Ganz unrichtig und sogar höchst
lächerlich finden wir das Aufsetzen eines der letzten Mode
entsprechenden, mehr oder minder eleganten Straßenhu-
tes ...

Was nun die Handschuhe anbelangt, so erheischt es die
gute Sitte, daß Damen ohne diese nicht ausfahren dürfen.
Die Handschuhe müssen gleichfalls weit und bequem sein,
um in keinem Falle hinderlich zu wirken ... Fährt eine
Dame ohne Handschuhe, um wie sie sagt, die Handhabung
des Rades leichter zu bewerkstelligen, so wird man sie
gewiß nicht in die Reihe der Radfahrerinnen comme il

Bandagen-Gamaschen von Fox.

71

Geteilter Rock mit aufgeknüpfter Vorderbahn.

faut stellen und sie selbst wird gar bald Anlaß haben, sich über sonnverbrannte, verunschönte Hände zu ärgern.«[26]

Rockkostüme, Kombinationsmodelle, aus Hose und Rock bestehend, und Hosenkostüme wurden entworfen. Besonders einfallsreich waren die Kreationen des geteilten Rockes. Da gab es beispielsweise den »vorne und rückwärts getheilten Rock«[27]. Der Rock war eigentlich eine weite Hose. Bei einem anderen Modell wurde die Teilung des

Rockes durch »anknöpfbare oder aufgesteppte Vordertheile«[28] erzielt. Nur das geübte Auge konnte erkennen, daß es sich hier um einen Hosenrock handelte, denn vorne war das Kleid vollständig geschlossen. Der Phantasie waren hierbei keine Grenzen gesetzt. So präsentierte das *Vademecum für Radfahrerinnen* folgendes Modell: »Der Rock wird in Hohlfalten geordnet, vorne und rückwärts geschlitzt und ohne Futter fertiggestellt. Darunter wird ein mäßig weites Beinkleid getragen, das oben seitlich mit Knöpfen und einer Zugleiste schließt.«[29]

Diese Vorläufer der modernen Hosenröcke erforderten besonderes Geschick. Die Not machte eben erfinderisch. Für die Frauen, die sich nicht in Pumphosen oder Knickerbockers aufs Velo wagten, bedeuteten solche Kombinationskostüme eine wirkliche Erleichterung. Waren sie während einer Tour beispielsweise gezwungen, eine Strecke per pedes zurückzulegen, mußten sie nicht Spott oder Gelächter fürchten.

Im Winter wurden zu Hose oder Rock eine Jacke oder ein Spenzer empfohlen, im Sommer Blusen in verschiedensten Farben und Mustern, jedoch nicht zu grell und »aufdringlich«. Das Velo erwies sich auch als eine Frage der Kleidung. »Nicht die Hose ist das Problem«, so eine Radlerin, »sondern die Frauen, die sie nicht zu tragen wissen.«[30] Kleine rundliche Damen wurden angehalten, Hosen zu tragen, die »an den Hüften nur einen schwachen Faltenwurf zeigen«[31]. Große schlanke Frauen durften ihre Hüften mit reicherem Faltenwurf verhüllen. Der Cycledress sollte dezent sein. Dunkle Farben wurden bevorzugt, um nicht Anlaß zum öffentlichen Ärgernis zu geben. »Also meine Damen«, hieß es in einer Radlerinnenzeitschrift, »ein möglichst in den Farben harmonierendes Sportkostüm, keine garnierten Taillen, keine Spitzen, keine Bänder, keine Schleier ... Wenn schon, dann rationell.«[32]

Die rationelle Kleidung trübte bisweilen den Blick, ob es sich um eine radfahrende Dame oder einen männlichen Vertreter handelte. Noch dazu, weil das Hosenkostüm auch die Benutzung des viel schnelleren Herrenrades ermöglichte. Auch waren schon rauchende Velocipedistinnen gesichtet worden. Die Radlerinnen waren drauf und dran, sich zu »vermännlichen«. Das Bicycle und die Forderung nach einer Verbesserung der Kleidung standen für das neue Selbstbewußtsein der Frauen um die Jahrhundertwende. Seit 1896 waren die Frauen an den Universitäten als Gasthörerinnen zugelassen. Bis 1909 schließlich durften sie in ganz Deutschland studieren. Die Berufstätigkeit unter den Frauen nahm zu. Die Frauenbewegung erhielt großen Zulauf.

1896 wurde während des Internationalen Kongresses für Frauenwerke und Frauenbestrebungen in Berlin zum ersten Mal öffentlich über die Reform der Kleidung diskutiert. »Das Radfahren der Frauen«, stellten die Führerinnen des Bundes deutscher Frauenvereine 1898 fest, »wird voraussichtlich einen größeren Einfluß auf die Reform der weiblichen Kleidung ausüben, als all die berechtigten Gründe, welche von frauenrechtlicher, ärztlicher und künstlerischer Seite dafür geltend gemacht worden sind.«[33] Eine prophetische Sicht, die sich tatsächlich bewahrheitet hat.

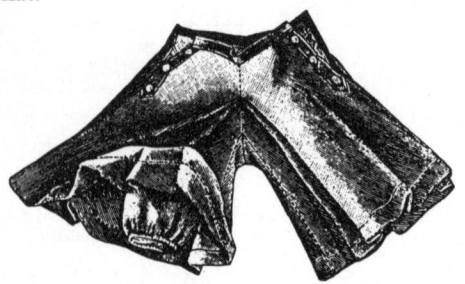

Der geteilte Beinkleid-Rock.

Eine schicke Pariser Radlerin um 1900.

IV

Von der Einzelgängerin zur Massenbewegung

»Eine kleine Schar« –
Radfahrerinnen organisieren sich

»Sollen etwa die Damen immer zu Hause bleiben, während ihre ›besseren Hälften‹ dem Sport huldigen?«
(Der Radfahrer, 1885)

Das fragten sich bereits vor 106 Jahren einige Redakteure im Verbandsorgan des »Deutschen Radfahrer-Bundes« (D.R.B.). Damit waren sie vielen ihrer Sportsgenossen weit voraus. Die nämlich beantragten auf einer Bundesversammlung 1885, »Damen nicht in den Bund aufzunehmen« und argumentierten wenig gentlemanlike: »Das Mitfahren von Damen bei Touren beeinträchtigt und schädigt den Charakter des Velocipedfahrens, da dasselbe ein männlicher Sport ist«.[1] Drei weibliche Mitglieder, die sich irgendwie in die Kartei gemogelt hatten, gaben Anlaß zu dieser Aufregung! Wehret den Anfängen — dachten die entrüsteten Vereinsmeier wohl und verschanzten sich hinter den Bundesstatuten. Darin nämlich, wie in den Verfassungen aller anderen Rad-Klubs, wurden Frauen gar nicht erst erwähnt.

Auch wenn die Verfechter rein »männlichen« Sportes mit ihrem Antrag nicht durchkamen und sich von den Redakteuren des *Radfahrers* sogar den Vorwurf »sehr ungalant«[2] einhandelten — den Radfahrerinnen brachte diese Diskussion keine Gleichberechtigung. Sie blieben, wenn die Ortsvereine sie überhaupt aufnahmen, Mitglieder zweiter Klasse und wurden meist als »außerordentliche Gäste« geführt. Auch in den ersten Vereinen für radelnde Eheleute hatten die Frauen ihrer damaligen Rolle gemäß nichts zu sagen. Weibliche Vereinsaktivitäten, so sie sich nicht auf das Amt einer Schriftführerin oder Fahrwartin

Amelie Rother, Rad-Aktivistin der ersten Stunde, streitbare Journalistin und Mitbegründerin des »Damen-Radfahr-Klubs Berlin«.

beschränkten, waren verpönt: Nicht zu billigen sei, »dass Eingreifen ihrerseits in die Geschäftsthätigkeit eines Clubs oder Bundes und die unausgesetzte Betheiligung an den offiziellen Festen und Ausflügen«[3], echauffierte sich 1886 ein Redakteur der Zeitschrift *Velocipedsport*.

Noch vier Jahre dauerte es, bis Dresdener Radfahrerinnen den ersten »Damen-Radfahr-Verein Velocia« gründeten. 1894 zogen die Berlinerinnen mit ihrem »Damen-Radfahr-Klub« nach. Unter den neun Gründungsmitgliedern war auch Amelie Rother, die es satt hatte, »den Herren in erster Linie Dame, erst in zweiter Reihe Sportskameradin«[4] zu sein. Ein Jahr später wurde ihre Vereinigung vom

DIE RADLERIN

Sportblatt der radfahrenden Damen
Deutschlands und Oesterreich-Ungarns.

Herausgeberin: Josa Mahner Edle von Heilwerth, geb. Scharschmid Edle von Adlertreu.

Organ der Damen des „Oesterreichischen Touring-Club" (Wien).

Redaction, Administration und Expedition: Berlin W., Derfflingerstrasse 16.

Erscheint am 10. und 25. jeden Monats.	Abonnement für das Ausland:
Abonnement für Deutschland u. Oesterreich-Ungarn:	bei directer Zusendung incl. Porto ½ jährl. 3,50 M., ⅟₁ jährl. 7 M., jährl. 14 M.
¼jährl. 2M. (1,50 K incl. Porto), ½jährl. 4 M. (3K. incl. Porto), jährl. 8 K. incl. Porto.	Inserate werden nach Tarif berechnet, bei Wiederholungen wird entsprechender Rabatt gewährt.
Zusendung im Kreuzband 30 Pf. pr. Quart. mehr. (Postzeitungs-Liste No. 5935.)	

Giro-Conto: Nationalbank für Deutschland.	Preis der Nummer 35 Pfennige.	Fernsprech-Anschluss Amt VI. No. 1146.

No. 20.	Berlin W., den 25. Juni 1897.	I. Jahrgang.

Anastasia Gräfin Kielmansegg-Lebedeff,
die Ehrenpräsidentin des Radfahrer-Blumenfestzugs in Wien.

Die Gemahlin des radsportfreundlichen Statthalters von Niederösterreich, Gräfin Anastasia Kielmansegg-Lebedeff, deren wohlgetroffenes Porträt die Titelseite unserer heutigen Nummer ziert, ist eine der schönsten und geistreichsten Damen der Wiener Aristokratie, deren Wiege in Bessarabien (Südrussland) gestanden, wo sie als Tochter eines russischen Landedelmannes und höheren Staatsbeamten auf dessen Gut geboren wurde. Die anmutische äussere Erscheinung, die Grazie ihrer Bewegungen, die Liebenswürdigkeit ihres ganzen Wesens lassen auf den ersten Blick die vornehme Weltdame erkennen, als welche denn auch Gräfin Kielmansegg allseitig hochgeschätzt und verehrt wird. Wiewohl von Geburt Ausländerin, beherrscht die Gemahlin des Statthalters die deutsche Sprache doch vollends und weiss in ihrer stets fesselnden Konversation durch das fremdländische Accent ihrer Ausdrucksweise einen eigentümlichen bestrickenden Reiz zu verleihen. Durch hohe Geistes- und Herzensbildung sich auszeichnend, ist Gräfin Kielmansegg eine Förderin der schönen Künste, durchdrungen von edler Begeisterung für alles Schöne und Ideale. Seit dem Jahre 1895 hat Anastasia Gräfin Kielmansegg ihre Neigung auch dem Radsporte zugewendet, zu dessen begeisterten Anhängerinnen sie seither zählt.

Wie ihr Gemahl, Statthalter Graf Kielmansegg, der von der Radfahrerschaft Wiens hochverehrte Protektor des Radsports, ist Anastasia Gräfin Kielmansegg die oberste Schutzfrau des Radsportes der Damen Wiens; sie hat durch ihre dankenswerte Initiative auf radsportlichem Gebiete den mächtigsten Impuls gegeben zu dem geradezu grossartigen Aufschwunge, welchen in der letzten Zeit der Radsport der Damen, insbesondere in der schönen Kaiserstadt am Donaustrande, genommen. Und dieser Aufschwung, welcher in der Metropole seinen Anfang genommen, zieht immer weitere Kreise in allen Ländern der Monarchie. Damit hat sich Gräfin Kielmansegg den Dank von Tausenden erworben. Wie sehr die Radfahrerschaft Wiens von diesem Dankgefühle und der Verehrung für die hohe Protektorin des Radsportes durchdrungen ist, das gelangte in dem unter dem Ehrenpräsidium der Gemahlin des Statthalters veranstalteten und glänzend gelungenen Radfahrer-Blumen-Festzuge in ostentativer Weise in den begeisterten Kundgebungen der Radfahrerschaft zum Ausdruck, welche in den jubelnden stürmischen Zurufen gipfelten: „All Heil! Gräfin Kielmansegg!"

Anastasia Gräfin Kielmansegg-Lebedeff.
Nach einer Photographie aus dem Atelier Adèle in Wien I., Graben 18.

Feierliche Quadrille des »Damen-Radfahr-Klubs Berlin«.

Bundesverein D.R.B. anerkannt und ihren Mitgliedern volles Stimm- und Wahlrecht zugestanden. Eine kleine Sensation — kein anderer Sportbund, selbst der mitgliederstarke Turnverband, räumte den Frauen vor der Jahrhundertwende diese Rechte ein. Und so bemerkte Amelie Rother stolz: »Wir waren jetzt nicht mehr ›Damen als Gäste‹, sondern vollberechtigte Kameraden. Wir hatten der Frau die Gleichberechtigung im Radfahrsport erkämpft.«[5]

Allerdings gab es immer wieder Rückschläge. 1898 versuchten einige Mitglieder des D.R.B. nochmals, Frauen auszuschließen. Was diesen Herren nicht gelang, das schafften ein Jahr später die »Vereinten« im Konkurrenz-Klub »Allgemeine-Radfahrer-Union« (A.R.U.): Sie beschlossen, die Beiträge der weiblichen Mitglieder herabzusetzen, ihnen dafür »aber lediglich das Unionsabzeichen und die Damen-Radfahr-Zeitung«[6] zuzubilligen.

Trotz vielfältiger Diskriminierungen wollten sich die meisten Radlerinnen, die vor der Jahrhundertwende zwischen 18 Damen-Clubs, sechs Ehepaar-Vereinen und 65 Verbänden für Damen und Herren wählen konnten, nicht von den nationalen Organisationen trennen. Amelie Rother fürchtete, daß die Damen-Klubs dann auf das Niveau von »Kaffekränzchen und Klatschzirkeln«[7] herabsinken würden. Mit den damals 600 Frauen im insgesamt 3500 Mitglieder starken D.R.B. hätte sich schwerlich ein funktionierender Bundesverein einrichten lassen, zumal die Damen untereinander zerstritten waren. Das fing bei der Mode an und hörte beim Rennfahren, das viele als »wider-natürlich« ansahen, auf. Mit den wenigen weiblichen Mit-gliedern des sozialistisch orientierten »Arbeiter-Radfahrer-Bundes Solidarität«, der seit seiner Gründung 1896 auch Frauen aufnahm, wollten sich die bürgerlichen Radlerin-nen erst recht nicht verschwistern. Sie wählten ihre Mit-glieder nur »aus den besseren Kreisen der radfahrenden Damenwelt«[8].

Die Frauen der Oberschicht waren bis zur Jahrhundert-wende auch die einzigen, die sich den teuren Radsport überhaupt leisten oder durch zahlungskräftige Ehemänner finanzieren lassen konnten. Kein Wunder also, daß sie schon früh von der anzeigenhungrigen Fachpresse umwor-ben wurden. *Für das schöne Geschlecht, Radfahr-Kostümzeitung* oder *Unsere Frauen eigene Zeitung* lauteten die Titel der Ende der 80er Jahre für sie eingerichteten Rubriken. Sie waren Programm: Die Berichterstattung beschränkte sich meist auf Mode, Schicklichkeit und andere Schönheitsprobleme.

Sportbewußte Damen, die sich mit Diskussionsbeiträ-gen über weltbewegendere Radthemen einmischen woll-ten, mußten sich von den Herren Redakteuren oft genug abkanzeln lassen. »Versuchte man in der Fachpresse zu erwidern, so wurde man entweder gar nicht, oder bis zur Entstellung gekürzt abgedruckt oder bekam wenigstens einige mitleidige Bemerkungen mit auf den Weg«[9], beklagte sich beispielsweise Amelie Rother.

Mit den ersten Frauen-Radsport-Zeitschriften *Draisena*, die 1895 erschien, und *Die Radlerin*, die ein Jahr später auf den Markt kam, hatten die Damen endlich ein Forum. Hier publizierten fast ausschließlich Journalistinnen, die »alten Perückenstöcken«[10] und anderen Gegnern des Damenradelns die Meinung sagen konnten. Zu gründlich allerdings auch nicht — denn beide Magazine orientierten sich weitgehend am Geist der Zeit. Und der mochte weder Rennsportlerinnen noch allzu emanzipierte Radlerinnen. Minna Wettstein-Adelt, die Herausgeberin der *Draisena*, präsentierte ihren Leserinnen eine aus heutiger Sicht eher zahme Mischung: »Wir werden unser Prinzip strengstens einhalten und aus der reichlichen Fülle unseres Materials (Roman, Sportsmode, Tauschkasten, Hygiene und Schönheitspflege etc.) ganz besondere Aufmerksamkeit der Wahl sportlicher Artikel widmen, den sportlichen Fragekasten pflegen, sowie alle Vereins- und sonstige Sportsangehörige interessierenden Nachrichten bringen.«[11] Das Konzept der *Radlerin* war ähnlich. Beide Magazine, so sehr sie auch noch den damals gängigen Weiblichkeitsklischees anhingen, haben dazu beigetragen, das Damenradeln in

Zubehör für die »Dame der besseren Gesellschaft«: Faltbarer »Cherry-Screen« von 1896, der vor Straßenschmutz schützte und gleichzeitig die Knöchel verbarg.

Deutschland gesellschaftsfähig zu machen. Zudem sorgten sie dafür, daß die Radlerinnen selbstbewußter agierten. 1897 berichtet *Draisena*, daß eine »Dame einen so pöbelhaft attaquierenden Mann durch Selbsthilfe in die Flucht trieb, indem sie kurzentschlossen von ihrem Rad sprang, dem Verblüfften ein paar Hiebe mit der Hundepeitsche gab und dann davonfuhr«[12].

»Was, Sie radeln nicht?« – Radfahren wird Mode

»Aber es half nichts. Es war zu schön, zu neu, zu chik, zu praktisch, zu gesund. Und so stieg eines Tages selbst Bürgermeisters Töchterlein aufs Rad, und ein Jahr später legte sich sogar Frau Mamma ein Eisenrößlein zu.«
(Berliner Illustrirte Zeitung, 1901)

Mitte der 90er Jahre war die Zeit der intimen Radlerinnen-Zirkel vorbei. »Vor vier Jahren kannten wir Berliner Fahrerinnen uns sämtlich«, erinnerte sich Amelie Rother 1897 etwas sentimental, »das herzliche ›All Heil!‹ unter den Fahrerinnen ist ja jetzt leider fast verklungen; die Bekannten grüssen sich untereinander ..., sonst misst man sich mit prüfenden Blicken, die Hose wirft dem langen Schleppkleid einen mitleidigen, das Kleid der Hose einen verachtenden Blick zu, aber die alte Radfahrergemütlichkeit von dazumal ist stark in die Brüche geraten.«[13]

Mit einem Schlag war das Radfahren in Bürgerinnen-Kreisen *comme il faut*. »Es ist kaum übertrieben«, meinte ein englischer Zeitgenosse, »wenn man sagt, daß es im April 1895 als sehr exzentrisch galt, wenn jemand radelte, Ende Juni aber diejenigen als exzentrisch galten, die nicht radel-

*Sehen und Gesehen wer-
den: Rendezvous am Bois
de Bologne in Paris.*

ten.«[14] In Paris soll es 1896 bereits 5000 Radfahrerinnen gegeben haben.[15]

Im gleichen Jahr ging es auch in Deutschland richtig los: 1896 wurden sogar mehr Damen- als Herrenräder verkauft. Die Branche boomte. Vom Kleiderschoner bis zum Witwenrad reichte die Palette für die modebewußte Dame. Die Fahrradindustrie, die auf ihren Plakaten schon mit stolzen Radlerinnen warb, als die noch mit Steinen beworfen wurden, heizte die Konjunktur mit immer neuen Accessoires an.

Als Amelie Rother 1890 ihre ersten Dreiradausflüge machte, stellte sie noch fest, »dass am rüdesten und gemeinsten sich nicht die unterste Volksklasse benahm, sondern der Pöbel in Glacéhandschuhen und zur Schande meiner Landmänninnen muss ich das leider sagen, Frauen, die ihrem Äusseren nach den besseren Ständen angehörten«[16]. Jetzt auf einmal stiegen die Bürgerinnen, denen angesichts einer Radlerin früher ein »Pfui, wie gemein!«[17] entfahren war, auf den Drahtesel.

Die weiblichen Pioniere des Radsports fühlten sich bestätigt. Hatten sie nicht – gegen den erbitterten Widerstand etablierter Weißkittel – jahrelang die wohltuenden Auswirkungen des Radfahrens gepriesen? Jetzt änderten viele Ärzte ihre Meinung und verschrieben den bleichsüchtigen, korsettgeschnürten Damen Bewegung. Schließlich erforderte die Berufstätigkeit, der immer mehr Frauen nachgehen wollten oder mußten, eine körperliche Konstitution, mit der das Weiblichkeitsideal von der »repräsentierenden« und zur Bewegungslosigkeit verdammten Gattin nicht mehr zu vereinbaren war. Außerdem weigerten sich im Zuge der bürgerlichen Frauenemanzipation immer mehr Frauen, »das leere, tändelnde Scheindasein einer Dame zu ihrem Lebensberuf zu machen«[18]. Unterstützt wurden die zaghaften Emanzipationsbestrebungen auch durch die Schriften intellektueller Zeitgenossen wie Emile Zola oder Theodor Fontane, die vom Fahrrad als »Befreier« der Frau schwärmten.

Hauptgrund für die plötzliche Euphorie der Bürgerinnen aber war die Radelbegeisterung adeliger Damen, die diesem »exzentrischen« Hobby schon Anfang der 90er recht reibungslos frönten. Das hatte natürlich – mit einer gewissen Verspätung – Vorbildfunktion für ihre Geschlechtsgenossinnen aus der »besseren Gesellschaft« und gab ihnen gleichzeitig das beste Argument gegen ihre Gegner in die Hand: Wie konnte »unweiblich« und »unfein« sein, was die Herrscherinnen über den guten Ton taten. Das zog: »Erst als bekannt wurde, dass auch Ihre Königliche Hoheit Erbgrossprinzessin Elisabeth und Herzogin Jutta bereits dem Radsport huldigten, da nahm die Zahl der radfahrenden Damen in Mecklenburg-Strelitz so zu, dass heute bereits das erste Hundert erreicht, wenn nicht sogar überschritten ist«[19], meldete *Die Radlerin* im Jahre 1898. Daß dies bekannt wurde, dafür sorgte die

Radlerinnen wurden heftig umworben. Oft sogar ein wenig anzüglich, wie
diese Reklame für »Victoria«-Räder zeigt.
»Ein saubres Mädel auf schneidigem Rad
Zwei Gigerlherzen entzündet hat.
›Verzeihen, mein Fräulich, dürften wir wagen,
Nach des schmucken Rades Herkunft zu fragen?‹
›Ich bitt, san's halt net gar so fad,
Ma kennt doch's ›VICTORIA-LUXUS-RAD‹«.

Fachpresse mit Leitartikeln und »name dropping«. *Die Radlerin* servierte ihren Leserinnen ab 1896 auf jedem Titelblatt »eine hohe Protektorin des Radsports«.

Der Besitz eines damals durchschnittlich 250 Reichsmark teuren Fahrrades[20] gehörte nun zum bürgerlichen Prestige. Auf ihrem »blitzenden Rösslein« demonstrierten die Radlerinnen ein wenig vornehme Exzentrik und machten unmißverständlich klar, daß sie auch finanziell über dem gemeinen Volk »saßen« und »gute Partien« waren. In den Klatschspalten der Medien wurde heiß diskutiert, wer die schönste Robe angehabt oder dieses allerliebste »grüne, mit primelrosanen Streifen«[21] verzierte Rad spazierengeführt hatte. Einigen Damen kam es dann schon gar nicht mehr aufs Radeln, sondern nur noch aufs Gesehen werden an. In England transportierten einige besonders Prestigebewußte den Drahtesel mit Droschken in den Hyde-Park, führten dort ihren neuesten Dress vor und zogen dann mit Pferdekraft wieder heimwärts.

Den weiblichen Radsport-Pionieren war dieses Gehabe natürlich nicht geheuer: Sie nannten ihre eitlen Geschlechtsgenossinnen »Tote Fahrerinnen« – für die Bewegung verloren. Das stimmte auch, denn »Frau Mode« hatte zwar den »Radfahrsport unter ihren Schutz genommen«[22], doch die Radlerinnen hatten noch immer viele Gegner und mußten – wenn ihnen wirklich etwas daran lag – gegen ein ganzes Bündel von Vorurteilen antreten. So gaben viele frischgebackene Radlerinnen wieder auf, als sie merkten, daß ihnen nicht kampflos vergönnt war, was die Prinzessinnen von Sachsen-Meiningen und Preußen, die Kaiserin Alexandra von Rußland oder »Infantin Eulalia am Hofe Spaniens«[23] durften.

Nicht nur bei den hauptamtlichen Sittenwächtern – der Justiz, die ganze Innenstädte für den Verkehr sperren ließ, und der Kirche, deren Pastoren den Drahtesel beispielsweise als »diabolisches Werkzeug des Dämons der Finsternis«[24] verteufelten, weil die Radler sonntags nicht mehr in die Kirche gingen, oder Radfahrerinnen mit besenstilreitenden Hexen verglichen — erregte besonders das Damenradeln großen Argwohn. Es war etwas daran, daß die »conservativen Gemüther noch immer lebhaft beunruhigte.«[25] Auch die weiblichen: »Lueg a mol selli dort (jene dort) auf dem Rad, die muss verrückt sein«[26], regte sich 1897 eine Bad Bruchsaler Bürgerin auf. Im kosmopolitischen Berlin war man kaum toleranter. Im gleichen Jahr berichtete die *Draisena:* »Unlängst wurde auf der Chausseestr. in Berlin eine Radfahrerin vom Pöbel vom Rad gerissen, mit Insulten überhäuft und ihr Rad ruiniert; dies geschah nachmittags 2 Uhr im belebtesten Teil Berlins.«[27] Und noch 1900 erregte sich ein Münchner Journalist: »Dem die Maximilianstrasse entlang promenierenden zahlreichen Publico bot sich gestern, Sonntagvormittag 12 Uhr, ein ebensoviel Ent-

Die Meinung des Spießbürgers, persifliert von Th.Th. Heine im »Simplicissimus«: »So sittlich und edel, lieber Herr Collega, diese Leibesübung dem Manne ansteht, so sehr ist der Anblick eines radfahrenden Weibes geeigenschaftet, unseren am klassischen Geist geläuterten Schönheitssinn in seiner vollen und ganzen Tiefe zu empören.«

rüstung als Ärgernis erregendes Bild dar. Auf einem doppelsitzigen Velociped bewegte sich ein Pärchen in rascher Fahrt durch die Strasse. Das Pärchen bestand aus einem Mannsbilde und – seiner Donna, letztere in einem geblümten seidenen Rocke, durch den die stampfenden, das Vehikel in Bewegung setzenden Beine sich jedem, so darauf erpicht war, sie zu sehen, leicht präsentierten. Ohne Scham, stolz wie eine Amazone, liess die holde Dame sich männiglich mustern, ihre Fahrt ungeniert fortsetzend. Wir fragen nur: Ist dies die neueste Art Velocipedsport? Darf auf solche Art dem öffentlichen Sittlichkeitsgefühle ungestraft ein Faustschlag ins Gesicht versetzt werden? Endlich: Ist dies die neueste Art von Reklame für gewisse Weibspersonen? Zuletzt: Wo bleibt die Polizei ... «.[28]

»Wärst du ein Mann ... « –
Die Etikette fährt mit

»Die radfahrenden Damen müssen sich daher doppelt bemühen durch ein richtiges, vollkommen fehlerloses Betragen zum Schwinden der Vorurtheile gegen Radfahrerinnen beizutragen.« (Vademecum für Radfahrerinnen, 1897)

Vor 1896 galt eine radelnde Frau zwar als schockierend, doch immerhin nur als ein »unrühmlicher« Ausnahmefall. Tageszeitungen plazierten solche Erscheinungen der dritten Art höchstens mal auf ihrer Bunten Seite. Jetzt, wo sich die Radfahrerinnen im öffentlichen Staßenverkehr unübersehbar gemacht hatten, wurde die Schicklichkeit des Damenradelns auch in den Massenmedien, in Cafés und Vortragsälen, in Frauenzirkeln und bei Herrenkränzchen, diskutiert.

In gelehrten Abhandlungen und Streitschriften äußerten sich die Experten zunehmend positiv zu diesem »Problem«. Auch die Radfahrerinnen begannen nun, Propaganda für ihren Sport zu machen: »Darf die Frau ihr Vergnügen nach Männerart suchen und dabei ihre volle Selbständigkeit entfalten?«[29] fragte 1897 die Autorin des *Vademecums für Radfahrerinnen*. Und hatte sogleich eine auch für konservative Gemüter moderate Antwort parat: »In unserem modernen Leben hat die Frau nicht nur die Aufgabe, dem Manne das Leben durch die tadellose Führung des Hauswesens zu verschönern, sondern sie muß auch verstehen, ihm eine verständnisvolle Gefährtin, ein guter Kamerad zu werden. Wie oft muß nicht die Frau ebenso wie der Mann einem Berufe nachgehen. Ist es da erstaunlich, wenn diese weiblichen Wesen, durch Lernen und Arbeit überbürdet und abgespannt wie ihr Mann, sich nach Erholung und Erfrischung des ermüdeten Organismus sehnen?«[30] Und wer jetzt immer noch meinte, Frauen seien überhaupt zu schwach zum Radfahren, dem entgegnete die streitbare Autorin: »Werden denn unsere jungen Mädchen, kaum daß sie aus den Kinderschuhen treten und flügge werden, nicht oft für die Dauer einer ganzen Nacht in die erdrückend schwüle Atmosphäre eines Ballsaales geschleppt, um dort nicht nur in Staub und Hitze zu athmen, sondern auch während langer Stunden in rasendem Tempo mit fliegendem Athem im Tanze dahinzuschweben?«[31] Zur Disposition stand jetzt nicht mehr ob, sondern wie Frauen radfahren sollten. Denn die »altgewohnten Schranken, die von der Etikette gezogen sind«[32], blieben ein Hindernis. »Wenn Du ein junger Mann wärest«, erläuterte der Arzt Fressel in einem seiner Bücher, »würde ich Dir einfach rathen, kauf Dir ein Rad und setze Dich drauf. Aber Du bist eine junge Dame und noch dazu eine Dame, die den besten Kreisen der Gesellschaft angehört.«[33] Mit dem

92

*Die »holde Radlerin« als neues Schönheitsideal,
nach einem Gemälde von F. Simm.*

Der verklemmte Zeitgeist hoffte das »Schlimmste«: »Warnung für hübsche Radlerinnen! Nicht zu viel Anhänglichkeit an die Lehrer – sonst lernt Ihr's nicht ordentlich!«

neuen Fortbewegungsmittel brachen Frauen zum ersten Mal aus ihrem streng reglementierten Stuben-Alltag aus. Für die freie Wildbahn mußten neue Regeln gefunden werden, die eine Vielzahl von Ratgebern mehr oder weniger fortschrittlich formulierten.

Den breitesten Raum nahm darin die Frage nach der Ästhetik ein – mit dem Radfahren kam Bewegung in die starren Konventionen: »Schöne Frauen, die sonst wegen einer stecknadelkopfgrossen Sommersprosse Arsenik genommen hätten, fallen mit lächelndem Gleichmuthe vom Rad und riskiren die anmuthigen Linien ihrer Nase.«[34] Viele Kritiker hatten weniger Humor als dieser Satiriker und sahen das Ende »weiblicher Anmut« nahen. »Blühender Unsinn«, meinte Balduin Groller in seinem Vorwort zum *Vademecum für Radfahrerinnen* – doch »graziös« sollte die Radlerin schon aussehen. »Sie muß nur darauf achten, daß sie auf dem Rade gerade sitzt und den Sattel so richten, daß sie die Füße nicht hoch heben muß und Arme beim Halten der Griffe der Lenkstange bequem ausstrecken kann.«[35] Der Wettbewerb um Schönheit und Anmut trieb die komischsten Blüten. *Die Radlerin* richtete eine »Galerie graziöser Radfahrerinnen« ein, und in Illustrierten erschienen gereimte Lobeshymnen auf die »holden Geschöpfe« zu Rad. Immer wieder jedoch wurden die Sportsgenossinnen ermahnt, am Berg lieber abzusteigen und das Radfahren »in Maßen« zu betreiben. »Schließlich«, konstatierte das *Vademecum*, »ist es ein altes, berechtigtes Gesetz der guten Sitte, daß sich Damen in Herrengesellschaft niemals in einem solchen Grade echauffiren sollen, daß sie nicht nur in ihrem ganzen Aussehen zu wünschen übrig lassen, sondern auch unfähig sind, den gesellschaflichen Anforderungen nachzukommen.«[36]

Damen in Gesellschaft fremder Herren – das war schon eine pikante Angelegenheit in einer Zeit, als unverheiratete Frauen nicht ohne Anstandsdame oder männliche Verwandte ausgehen sollten. Mit dem Fahrrad konnten sie der Aufsicht familiärer Autoritäten leichter entwischen. Und die hatten zunächst Angst, daß ihre Töchter auf dem Heiratsmarkt an Wert verlieren könnten. In spießbürgerlichen

Kreisen waren radelnde Frauen schließlich immer noch als »Mannweiber« und »Emancipierte« verschrien. 1896 glaubte ein englischer Journalist, daß radfahrende Frauen zu wenig schutzbedürftig wirkten, um »das subtile Interesse des anderen Geschlechts«[37] zu wecken. Eine Hannoveraner Zeitung verbreitete 1897 gar, »dass die Männer lieber das Junggesellenleben dem mit einer vielleicht radelnden Frau vorziehen«[38].

Die größere Sorge aber galt der Keuschheit, spätestens nachdem klar war, »dass die heiratsfähigen pedalenden Mädchen auffallend rasch unter die Haube kommen«[39]. So

Die 16jährige Tessie Reynolds aus Brighton hielt sich nicht an die Etikette: 1893 radelte sie zusammen mit Freunden auf einem Herrenrad von Brighton nach London (120 englische Meinen in 8 1/2 Stunden!). Ein Sturm der Entrüstung brach los. Nicht nur, daß sie ohne Anstandsdame oder Verwandte gefahren war – nein: Sie hatte auch noch den sogenannten »rational dress«, also Hosen getragen!

ganz ohne Aufsicht sollten sie ihren Zukünftigen nicht auswählen dürfen. Die Etikette-Wächter empfahlen, daß schon in der Fahrschule eine »Anstandsdame« nach dem Rechten sehen sollte. Und das *Vademecum* warnte: »Durch eine Tandemfahrt geräth die Dame mit ihrem Begleiter in einen vertraulicheren Verkehr und daher schreibt der gute Ton mit Recht vor, daß die Dame nur in Gesellschaft eines Verwandten oder nahestehenden Freundes eine derartige Tour mitmachen soll.«[40] Nur wenige Frauen widersetzten sich der Konvention und radelten alleine los. Doch auch das wurde von einigen Ratgeberinnen toleriert: »Falls es durchaus nicht anders möglich ist«, sollten Damen auch solo fahren, »ungenirt ein öffentliches Lokal« betreten und bei einer Reifenpanne einen »fremden Herrn« ansprechen dürfen. Das *Vademecum* argumentierte für die damalige Zeit geradezu revolutionär: »Die Nothwendigkeit bricht in diesem Fall die Gesetze der Etiquette, die überhaupt durch die frisch pulsirende Bewegung am Rad unwillkürlich an ihrer Steifheit Einbuße erlitten.«[41]

»Scheuerfrauen mit Besen, Schrubber und Eimer« – Arbeiterinnen steigen aufs Rad

> *»Die Benutzung des Rades zu Zwecken der Erholung hat in den letzten Jahren beständig abgenommen, und besonders scheinen die Damen der besseren Gesellschaftskreise dem Radeln nicht mehr die Sympathie entgegen zu bringen, welche sie früher für dasselbe hatten.«* (Stahlrad und Automobil, 1906)

Noch 1897 hatte die *Draisena* bemerkt, daß ganz wenige Frauen den Mut fanden, »ihr Rad, gleich dem Mann, zur Zurücklegung der Strecke bis zu ihrer Arbeitsstätte zu nutzen«[42]. Ihr Radeln hatte sich, wenn es nach der Etikette ging, auf erholsame Spazierfahrten zu beschränken. Das »Stahlross« als Transportmittel war den Männern und einigen wenigen Frauen in Samariterdiensten, beispielsweise Hebammen, vorbehalten.

Das änderte sich, als kurz nach der Jahrhundertwende das Fahrrad, neben der Nähmaschine, zum erfolgreichsten Artikel industrieller Massenproduktion avancierte; aufgrund aggressiver Konkurrenzkämpfe in der Fahrradindustrie fielen die Preise, so daß sich jetzt auch Angestellte, Dienstbotinnen und Arbeiterinnen, die beispielsweise 1912 wöchentlich zwischen 10 und 20 Mark verdienten[43], den ca. 70 Mark teuren Drahtesel[44] oder ein Gebrauchtrad leisten konnten. Sie fuhren damit zur Arbeit – bequemer und schneller als vorher, denn die billigeren Wohnviertel, in denen es keine Straßenbahnanschlüsse gab, lagen oft weit von Stadtzentren und Büros entfernt. Als »Scheuerfrauen mit Besen, Schrubber und Eimer auf dem Rade die Runde bei der Herrschaft«[45] machten und die sportliche Madame ihrer ebenfalls radelnden Köchin oder Putzfrau auf der Straße begegnete, verlor das Fahrradfahren schnell seine vornehme Note. Prestigesüchtige Bürgerinnen fanden das Radeln nun wieder »schockierend« und stiegen immer seltener auf den Drahtesel.

Verstärkt bemühte sich nun der 1896 gegründete sozialistische »Arbeiter-Radfahrer-Bund Solidarität« um die Frauen. Hauptsächlich natürlich, um sie für den Klassenkampf zu gewinnen: Schließlich bot sich »bei Radtouren die schönste Gelegenheit, auf die Frauen einzuwirken und die Indifferenten aufzuklären. Es ist leider bedauerlich, daß viele Frauen der Partei sowohl wie der Gewerkschaft noch fern stehen, zumal wenn man in Betracht zieht, daß es die Frauen doch in erster Linie sind, die die Erziehung der Kinder zu bewirken haben«[46]. Das Bundeslied – »Drum

Agit-Prop-Postkarte des
»Arbeiter-Radfahrer-Bundes Solidarität«, 1910.

trete ein in uns're Reih'n, ihr Radler, Mann für Mann!« – wirkte ja nicht gerade einladend. Doch immerhin zählte im Jahre 1919 der Verein 7600 und 1932 sogar 50000 weibliche Mitglieder[47] – mehr als jeder andere Radsport-Verein (die bürgerliche »Vereinigung Deutscher Radsport-Verbände« hatte 1930 von insgesamt 83259 Mitgliedern nur 644 weibliche)[48]. Angesichts einer Zahl von insgesamt 103000 männlichen Verbündeten[49] waren die Frauen allerdings immer noch in der Minderheit. 1930 beschwerte sich die Genossin Werek in einem Leserbrief: »Oft schon habe ich darüber mit manchem Genossen debattiert, daß in der Ortsgruppe München bei einer Mitgliederzahl von 2700 eine einzige Genossin in der Verwaltung sitzt. Wir haben gewiß viele Genossinnen, die den Männern sportlich in keiner Weise nachstehen. Wir haben auch viele Genossinnen, die geistig den Männern überlegen sind ... Solange viele Genossen nicht einsehen, daß man auch der Arbeiterfrau Achtung entgegenbringen muß, kann es kein gutes Zusammensein geben ... Tatsache ist auch, daß unsere Frauen sich nie trauen, in der Versammlung ihre Meinung zu sagen. Ich habe dieses oft beobachtet. Viele Frauen haben gesunde Ansichten und können schlagfertig antworten, solange sie ihre Meinung nicht vor einer Versammlung kundtun sollen.«[50] Leitende Positionen in der »Solidarität« konnten Frauen nur während des Ersten Weltkrieges erringen. Danach besetzten wieder Männer die höheren Ämter. Mit der Gleichberechtigung auf dem Rad war es sowieso nicht weit her. Viele Arbeiter-Familien konnten sich nur ein Rad leisten. Und das fuhr dann der Mann, wie eine Strophe des Gassenhauers »Radpartie«, den die »dolle Bolle« Claire Waldoff in den 20ern sang, bezeugt:

»Jeden Sonntag früh um fünfe machen wir ne Radpartie
Ich hab Mieze uff dee Stange und der Paule die Marie
Die Marie die ist so dünne und die Mieze ist so dick
Aber wird se mir zu schwer, looft se eben hinterher.«[51]

V

Der Radrennsport der Damen

»Kampfeslüsterne, ruhmlechzende Amazonen« –
Vom Reigen zur Rennbahn

»Aber gerade, daß man die Frau, trotz aller ›Gleichberechtigung‹, im Grunde immer noch nicht als Vollmensch ansieht, immer noch glaubt, sie sei zur Erbauung des Mannes und zur Erhaltung der Art geschaffen, alles andere müsse doch in Händen des Mannes bleiben, gerade das ist das Unglaubliche.« (Alice Profé, 1928)

Angelockt von der »interessantesten Nummer des Programms«[1], strömte am 24. September 1893 scharenweise Publikum zur Radrennbahn in Berlin-Halensee, wo das »Schluss-Wettfahren des Vereins für Velociped-Wettfahren« stattfinden sollte. Sensationslüstern erwarteten Männer und vor allen Dingen Frauen, die »schon aus Interesse für die Sportkostüme der Radfahrerinnen gekommen waren«[2], das erste offizielle deutsche Damenrennen auf Niederrädern. Als die erste der acht für den Start Gemeldeten »in Herren-Pumphosen und langen Strümpfen erschien«, erscholl auch prompt »ein allgemeines Gelächter«[3] – für diesen Anblick hatte man ja schließlich sein Eintrittsgeld hingelegt. Die anderen Rennfahrerinnen, darunter Ida Caspari, Clara Beyer und Amelie Rother, erschienen in langen Röcken und weiten Blusen – ein Aufzug, der zwar jeder Thermodynamik spottete, aber die Gefühle nicht verletzte. »Wegen der Schicklichkeit« konnte sich das Verbandsorgan »Deutscher Radfahrer-Bund« nicht beklagen: »Stürze kamen keine vor, das Tempo blieb ein gemäßigtes und die Bewegungen der Fahrerinnen somit decent.«[4] In ästhetischer Hinsicht war auch die Zeitschrift *Das Stahlrad* zufrieden, denn das »Fahren selbst« hatte einen »hübschen« und die Siegerin Clara Beyer durch ihre

Erstes offizielles Damenrennen Deutschlands in Berlin Halensee, 1893.
Dazu optimistisch Amelie Rother: »Wir alten Berliner Rennfahrerinnen
wußten ganz genau, was wir thaten, als wir 1893 auf die Bahn hinaustra-
ten. Wir wollten weder unsere Reize den Zuschauern präsentieren, für
Mütter heranwachsender Töchter schon eine etwas schnurrige Zumutung,
noch uns an den Preisen bereichern, sondern wir wollten dem Publikum
zeigen, daß wir Herrinnen unserer Maschinen waren und den Damen
zurufen: Hier, seht her und macht es uns nach! Beides ist uns gelungen.«

»vorzügliche Haltung« einen »graziösen Eindruck« gemacht.[5]

Daß es trotzdem nur ein »Heiterkeitserfolg« und »von
einem wirklichen Rennen nichts zu merken war«, wie der
Stahlrad-Redakteur genüßlich hinzufügte, lag natürlich
weniger an den Damen als an den Vorurteilen und Mode-
Dogmen ihrer Zeitgenossen. Mit »aufrechtem Sitz« und
langen Röcken konnten sie die Radfahrer natürlich niemals einholen.

Konkurrenz, Überbietung, Rekord, alles was den Wett-kampfsport ausmachte, das war sowieso nichts für das »ideale Weib«. So sahen es auch die meisten Radfahrerin-nen, die doch selber gegen gesellschaftliche Vorurteile anzukämpfen hatten: »Unwillkürlich drängt sich Jeder-mann beim Anblicke einer solchen Fahrerin die Betrach-tung auf, daß eine Frau, die für den Sport derart engagirt ist, daß sie alle Rücksichten, sogar die auf ihre Eitelkeit fal-len läßt, bereits viel vom idealen Charakter des Weibes ver-loren habe. .... Wir wollen keine kampfeslüsternen, ruhm-lechzenden Amazonen. Die Frau ist nicht dazu berufen die Records der Männer zu übertreffen und ihnen auch hier die Siegespalme streitig zu machen.«[6] Die Gegner des Rennsports witterten Emanzipation, »den Ehrgeiz, es den Männern in allen Stücken gleichzuthun oder sie womög-lich zu übertreffen«[7]. Selbst Eduard Bertz, der in seiner *Philosophie des Fahrrads* emphatisch für die Gleichberechti-gung eintrat, vermutete hinter einem »extremen Ehrgeiz« die »Äußerung sexueller Perversion«, kurz: »Es sind Kranke, die selbst der Führung bedürfen.«[8]

Als sich Anfang der 90er Jahre die ersten Damen von dekorativen Objekten auf dem »gesundheitsfördernden« Drahtesel zu Rennfahrerinnen mauserten, verstießen sie gegen die wichtigste Norm, die eine Frau damals zu erfül-len hatte: ihren Körper zu schonen und bereit zu halten. Nochmals Bertz: »Weiblich ist in erster Linie nur das, was die Frau am besten geeignet macht, den Beruf ihres Geschlechts, also den Mutterberuf, zu erfüllen. Weiblich ist daher auch jedes maßvolle Bewegungsspiel, weiblich vor allem der maßvoll betriebene Radsport, der uns gesün-dere Frauen, gesündere Mütter und eine veredelte Nach-kommenschaft verheißt.«[9]

Spazier-, Touren- und Saalfahren waren die erlaubten, »maßvollen« Disziplinen — mal abgesehen von Damen-

Preis-Rennen, bei denen Frauen die Preise stifteten und überreichten oder den »Kostüm-Preis-Konkurrenzen«, wo die Fahrerin mit der graziösesten Haltung und dem schönsten Kostüm siegte. Wie bei anderen Sportarten auch wurden die Radfahrerinnen in angeblich weiblichkeitskonforme Disziplinen abgedrängt — als dekorative Elemente und anmutige Artistinnen sollten sie Männeraugen erfreuen und den Klischees voll entsprechen. Als einen der »schönsten und edelsten Zweige des Radfahrsports«[10] pries 1897 Josef Adametz in der *Draisena* das Reigenfahren, eine Art Gruppen-Kür, bei der vier oder mehr Fahrerinnen möglichst kunstvolle Figuren darstellten. Da regte sich statt Widerstand heiße Begeisterung: »Das ruhige, sichere, anmuthige und decente Fahren der jugendfrischen, lieblichen Gestalten, der kühnen Sportsdamen, erweckte allgemeinen, brausenden Beifall.«[11] Genauso erfreut waren die Herren angesichts der Damen, die sich Korso-Zügen anschlossen. Schmuck- und blumenüberladen sollten hier die schönen Seiten des Vereinslebens repräsentiert werden. Für den »homo ludens« wurden außerdem Geschicklichkeits-, die sogenannten »Gymkhana«-Spiele veranstaltet. Zu den Aufgaben, bei denen man sich gegenseitig näherkommen konnte, gehörten: Zickzackfahren, während des Radelns Flaschen öffnen oder das »Herausnehmen eines Gegenstandes mit dem Munde aus einer mit Wasser gefüllten Schüssel«[12]. Mehr individuelle Kreativität erforderte das Kunstfahren, bei dem ein bis zum Hals enganschließendes Trikot getragen werden mußte. Trotz dieser für Frauen unsittlichen Kostüm-Vorschrift etablierten sich einige Kunstfahrerinnen im Show-Gewerbe. »Anständig« waren solche Übungen aber laut Dr. Fressel nur, wenn sie »seitens der Fahrerinnen mit großer Decenz bewirkt und jede anstössige Stellung oder Mimik vermieden«[13] wurde.

*Verführerisch war eine Radrennfahrerin, wenn sie sauber und adrett
aussah. Das war natürlich nur auf Werbeplakaten möglich. Als
diese Reklame für Opel-Räder um 1900 erschien, waren Damenrennen in Deutschland schon seit vier Jahren verboten.*

Gymkhana-Spiel — Radeln mit Hindernissen, 1899.

Was das Rennfahren betraf, ließ sich der Mediziner gar nicht erst auf einen Kompromiß ein: In Übereinstimmung mit den meisten seiner Kollegen hielt er es angesichts des »zart gebauten Organismus für höchst gesundheitsschädlich«[14]. Leistungssport war aber nicht nur gefährlich für Leib, Leben und Gebärmutter. Er war außerdem noch familienfeindlich — erforderte Training, Zeit, die außer Haus verbracht werden mußte. Noch 1914 bangten deutsche Bischöfe in der *Deutschen Turnzeitung für Frauen:* »Es wäre tief zu bedauern, wenn die Körperübungen beim weiblichen Geschlecht in solchen Umfang gepflegt würden, daß dadurch ... Verminderung der Liebe zum stillen häuslichen Wirken eintreten würde«[15]. Die ausschließlich

Männern vorbehaltenen Radsport-Schulen der damaligen Zeit sorgten schon dafür, daß Frauen außen vor blieben. Mit ein Grund dafür, daß es bis auf die Fahrerin Olga Krämer keine weiblichen Profis gab und deutsche Beteiligungen an internationalen Damen-Rennen Seltenheitswert hatten.

In Frankreich hatte man – gemäß der Devise des Rennfahrers Xavier Jallu: »Der wahre Sport kennt weder Grenze noch Geschlecht!«[16] – schon Ende der 90er Jahre eine Schule extra für Berufsfahrerinnen eingerichtet, die jährlich von 30 bis 40 Elevinnen frequentiert wurde.[17] Während in Deutschland noch wüste Schimpfkanonaden auf die «Amazonen» niederprasselten, blickte der Frauen-Radsport hier schon auf eine lange Tradition zurück: 1869, als mit der Michauline das erste brauchbare Herren-Fahrrad erfunden worden war, bestritten in Bordeaux erstmals vier Französinnen ein Velociped-Rennen über 500 Meter. Ein Jahr später fuhren fünf Frauen in einem insgesamt 198 Teilnehmer starken Feld beim ersten internationalen Straßenrennen Paris-Rouen über eine Distanz von 124 Kilometern mit.

Auch in Belgien war der Damen-Radsport bereits früher etabliert. Unter den Berufsfahrerinnen ging besonders Hélène Dutrieux in die Sport-Geschichte ein: 1893 fuhr sie mit Schrittmacherhilfe in einer Stunde 33 Kilometer – fast sieben Kilometer mehr als die Französin de Saint-Sauveur, die kurz zuvor den ersten Stunden-Weltrekord aufgestellt hatte[18]; 1896 gewann sie mit 1264 Kilometern ein Zwölf-Tage-Rennen in London und erboste damit die Redakteure der *Berliner Illustrirten Zeitung:* »Englische Zeitungen werden sich hoffentlich ebenso wie deutsche gegen derartige, dem Wesen des Weibes nicht passende Gewalttouren auf dem Rade, das doch nur dem guten Sport dienen soll, aussprechen.«[19]

Die belgische Radsportle-
rin Hélène Dutrieux,
Titelträgerin der ersten
inoffiziellen Damen-Rad-
sport-Weltmeisterschaften
und Rekordfahrerin.

Die öffentliche Meinung hinderte Hélène Dutrieux nicht, sich im gleichen Jahr bei der ersten inoffiziellen Damen-Weltmeisterschaft im belgischen Ostende den Titel zu holen. Daß zwei Jahre später die erste hier startende deutsche Fahrerin, »La championne allemande« Olga Krämer, ohne Plazierung die Bahn verlassen mußte, hatte die *Rad-Welt* schon von vorne herein gewußt: »Was diese Dame zwischen der Gesellschaft will, ist uns aus verschiedenen Gründen schwer erklärlich. Einmal sind wir der Ansicht, dass eine deutsche Frau überhaupt nicht dahin gehört und dann ist Frau Kraemer unserer Ansicht nach auch nicht im entferntesten concurrenzfähig.«[20]

Kein Wunder auch, denn in Deutschland handelten sich Radrennfahrerinnen statt der sportsüblichen, nationalen Lobeshymnen nur Spott und Hohn ein. Ihre Gegner bekamen 1896 amtliche Unterstützung vom »Deutschen Radfahrer-Bund«, der den Veranstaltern höflich befahl, »bei ihren Wettfahrten keine Damenrennen abzuhalten.« Da allerdings einige Vereine wie beispielsweise die »Allgemeine Radfahrer Union« nicht unter der Fuchtel dieses Verbandes standen, fanden bis zur Jahrhundertwende vereinzelt Rennen für Frauen statt. 1898 beispielsweise organisierte der »Berliner Radrennverein« das erste internationale Damenrennen Deutschlands, an dem Fahrerinnen aus Dresden, Berlin, Brüssel, Paris, Prag und Wien teilnahmen. Ihre Leistungen, da stimmten alle Kritiker überein, seien »jämmerlich« gewesen. Da mußte wohl das Vorurteil der Vater des Gedankens gewesen sein: In den verschiedenen Disziplinen lagen die durchschnittlichen Zeiten der Siege-

»La Flèche Humaine« nannte die Dutrieux, die neben ihrer Rennsportkarriere auch noch als Flugpionierin und Artistin Furore machte, die von ihr erdachte Schleifenbahn, deren Fahrbahn unterbrochen war.

111

rinnen zwischen beachtlichen 1.41 und 1.59 Minuten pro Kilometer.[22] Ende des Jahrhunderts brach die Berufsfahrerin Susanne Lindberg sogar den dänischen Herren-Straßenrekord: 1000 Kilometer fuhr sie in 54 Stunden und 30 Minuten — dem damaligen Titelträger um zwei Stunden und 50 Minuten voraus.[23]

Bis auf eines wurden bei dieser Veranstaltung alle Rennen von den Französinnen gewonnen. Sie waren durch ihre engangliegenden Trikos natürlich im Vorteil. Und genauso natürlich brach deshalb ein Sturm der Entrüstung los. Da hatte man sich schon ungern an den geteilten Rock und noch widerwilliger an die Bloomers gewöhnt — die 1898 acht federgeschmückte Rennfahrerinnen selbst im kosmopolitischen New York noch mit Postillonsröcken kaschierten[24] — und jetzt das! *Sport im Bild* entsetzte sich: »Von Sport konnte gar nicht die Rede sein, es war eine Vorführung von ›Damen‹, die jedes weibliche Wesen, jede weibliche Anmut abgestreift hatten, und sich nicht scheuten, in Kostümen, auf die Rennbahn zu kommen, die sich kaum für ein Varieté allerniedrigsten Ranges eigneten.«[25] Auch die *Draisena* steigerte sich in einen wahren Verdammungsrausch: Von »Prostituierung des Sports«, »Potenz der Öde und Geschmacklosigkeit«, »Krone alles sportlichen Unsinns« und »misslungener Akrobaten- oder Cirkusvorstellung«[26] war die wutschnaubende Rede.

Hatte man bei den »Künstlerrennen«, die seit 1893 in Paris und zwei Jahre später erstmals in Deutschland stattfanden, das verhältnismäßig leichtgeschürzte Auftreten von Schauspielerinnen und Artistinnen noch als Bohème-Kitzel toleriert und die zum »schlüpfrigen« Publikumsmagneten avancierten Wettrennen zwischen Reiterinnen und Radfahrerinnen als Kassenschlager entdeckt — beim Sport waren die Herren und Damen Geschmacksrichter zu keinerlei ästhetischen Zugeständnissen bereit. In Ermange-

Sechs-Tage-Rennen für Berufsfahrerinnen in London.

lung rationaler Argumente gefährdete er angeblich nicht
nur die Gebährfähigkeit, sondern auch noch Schönheit,
Anmut und Moral. Der Rennsport der Damen wurde noch
heftiger diskutiert als die Frage, ob Rock oder Hose.

Hier einige Auszüge aus den zeitgenössischen Schmäh-
schriften: 1895 bemerkte Ludwig Gelbert: »Das Weib soll
nicht mit physischen Leistungen zur Unterhaltung einer
schaulustigen Menge in die Schranken treten. Wie die
Frau im Manne die Kraft und Gewandtheit bewundert, so
fühlt sich der Mann zu ihr hingezogen durch die liebens-
würdige Schwäche des Weibes. Es ist das alte Naturgesetz
von der Anziehung der zwei entgegengesetzten Pole.
Gegen solche Naturgesetze ist alles Ankämpfen verge-
bens.«[27]

Die Engländerin Miss T. R. Coombs schrieb Ende der
80er Jahre: »Radrennen widerstreben dem natürlichen
Wunsch der Frau, so hübsch wie möglich auszusehen.

Mit dem 1. Preis prämierte Tourenfahrerinnen der »Allgemeinen Radfahrer Union« (Frieda Korn, Erfurt; Meta Jaeger, Kattowitz; Frieda Albrecht, Ansbach).

Selbst das häßlichste Mädchen versucht ihre Umgebung mit ihrem Aussehen zu versöhnen. Doch wie können wir ein Mädchen bewundern, deren Gesicht, wie schön es auch immer sein mag, rot wie ein gekochter Hummer und von Schweiß überströmt ist, deren Haar wie ein Mob über ihren Augen hängt, deren Haarnadeln entlang der Rennstrecke verstreut sind und deren ganze Erscheinung verstaubt, dreckig und unweiblich ist.«[28]

1897 hieß es in einer Zeitung über ein Sechs-Tage-Rennen in London: »›Ihre Haare haben sich wild gelöst, der Schweiss rinnt ihr in Strömen herab, die fahlen Wangen sind eingefallen, und die tiefliegenden, schwarzumränderten Augen durch die unnatürliche Erregung weit und krankhaft aufgerissen.‹ Ohne Unterlass müssen sich die Radlerinnen von ihren Freunden künstliche Reizmittel reichen lassen. Doch kann das die allgemeine Erschlaffung nicht aufhalten. Nach Beendigung der Tour kommt dann das Häuflein herangeschwankt. Alle haben verzerrte Züge, alle krankhafte Gesichtsfarbe und weit aufgerissene Augen; die Pumphosen und Blusen sind durchgeschwitzt, das Haar hängt ihnen in wüsten Mähnen um den Kopf; steifbeinig und gebeugt schreiten sie daher, um zur Knetkur weggeführt zu werden.«[29]

Es brauchte seine Zeit, bis solcher Unsinn aus Medien und Köpfen verschwand. Noch 1939 konstatierte der Fachbuchautor Hans-Joachim Schacht in Übereinstimmung mit der öffentlichen Meinung: »Natürlich soll es keine weiblichen Radfahrerinnen geben«.[30] Doch einen Nutzen hatte das Rennfahren der mutigen Frauen, wie Turnpionierin Schützer 1900 meinte, doch: »Es hat uns die Einführung eines geeigneten Turnkleides erleichtert.«[31] Vorher nämlich waren 100-Meter-Läuferinnen mit langen Röcken, Miedern und Stöckelschuhen angetreten.

All das konnte den »Bund Deutscher Radfahrer« nicht erschüttern. Als 1958 in Reims die erste offizielle (!) Damenradsport-Weltmeisterschaft abrollte, waren deutsche Radlerinnen nicht vertreten. Selbst 1966 in Berlin durften deutsche Frauen nicht um den Champion-Titel mitkämpfen. Erst ein Jahr später hob der Männer-»Bund Deutscher Radfahrer« sein 1896 beschlossenes Renn-Verbot für Damen auf. Welch ein Gefühl für die Tradition!

Kleine Chronologie der Damenrennen und Rekorde bis zur Jahrhundertwende[32]

1868
✦ Erstes bekanntes Damenrennen mit vier Teilnehmerinnen über eine Distanz von 500 Metern in Bordeaux/Frankreich.

1869
✦ Beim ersten internationalen Straßenrennen von Paris nach Rouen über eine Distanz von 124 Kilometern waren fünf Frauen am Start. Eine erreichte unter dem Pseudonym »Miss Amerika« Rang 29.
✦ Velociped-Rennen in Köln, an dem eine »Dame« teilnahm.
✦ Erstes Damenrennen in Gent/Belgien.

1888
✦ 1500 Zuschauer erlebten das erste Sechs-Tage-Rennen für Frauen in Pittsburgh/USA .

1889
✦ Erstes Damenrennen in New York.

1890

✦ Erstes deutsches Damenrennen auf Dreirädern in Machern, nahe Leipzig. Vier Frauen bewältigten eine Distanz von drei Kilometern (»Erster Damenpreis: eine schwarzseidene Schürze und eine Brosche. Zweiter Preis: eine ebensolche Schürze. Dritter Preis: ein sehr praktischer Schreibkasten. Vierter (Trostpreis): ein Briefbeschwerer, dessen Griff im Innern eine hübsche Winterlandschaft darstellt.«)[33]

1893

✦ Erstes offizielles deutsches Damen-Rennen mit acht Fahrerinnen in Berlin-Halensee. Siegerin: Clara Beyer, dahinter U. Markert und Ida Caspari.
✦ Erstes Damenrennen in Baden/Österreich.
✦ Erster Stunden-Weltrekord — die Französin de Saint-Sauveur fuhr 26, 12 Kilometer; kurz darauf verbesserte die Belgierin Hélène Dutrieux auf 33,1 Kilometer.
✦ Erster 100-Kilometer-Straßenrekord von der Französin Tastayre mit 4 Stunden und 45 Minuten.

1894

✦ Damenrennen in Dresden und Berlin.
✦ Erster deutscher 12-Stunden-Rekord. Die Berlinerin Ida Caspari fuhr in dieser Zeit 205 Kilometer.
✦ Stunden-Weltrekord der Belgierin Hélène Dutrieux mit 38, 746 Kilometern.

1895

✦ Damenrennen in München, Köln, Augsburg, München, Leipzig, Berlin, Dresden, Hamburg, Stettin, Bochum, Wien und Mödlin.
✦ »Künstlerrennen« in München: Amanda Loschke gegen die Reiterin »Miss Nelly«. Siegerin: Miss Nelly.

117

✦ Sechs-Tage-Rennen im Londoner Royal-Westminster-Aquarium und in Paris.

✦ Deutscher 12-Stunden-Straßenrekord von Clara Beyer mit 212, 5 Kilometern.

✦ Deutscher 2 000-Meter-Rekord der Münchnerin Amanda Loschke in 3.09 Minuten.

✦ Lady Grace und Miss White bewältigten die Distanz London-Coventry in 6 Stunden.

✦ Aufgrund einer Wette legte Annie Londonderry 28 000 englische Meilen auf dem Fahrrad zurück.

1896

✦ Verbot von Damenrennen in Deutschland.

✦ Erste inoffizielle Weltmeisterschaft für Damenradsport in Ostende/Belgien. Titelträgerin über die 2 000-Meter-Distanz war Hélène Dutrieux/Belgien.

✦ Damen- und Gemischtrennen in Hamburg, Berlin, Straßburg/Österreich und Mödling/Österreich.

✦ Zwölf-Tage-Rennen in London. Hélène Dutrieux siegte mit 1264 gefahrenen Kilometern.

✦ Stunden-Weltrekord der Französin Lisette mit 43,461 Kilometern.

✦ Die 15jährige Miss Hutton aus London erreichte beim 25 Meilen-Rekord als Dritte das Ziel.

✦ Margaret Valentine Le Long durchquerte während ihrer zweimonatigen Reise von Chicago nach San Francisco als erste Frau den amerikanischen Kontinent. Ihr Gepäck bestand aus einem Zweit-Rock, Handtüchern, Toilettenartikeln und einer Pistole in der Lenkertasche. Weil sie nicht »die undamenhaften Bloomers« getragen hatte, so sagte sie in einem Interview, sei sie nicht belästigt worden.[34]

1897

✦ 1000-Meter-Rennen zwischen der Reiterin Frau Cody

118

und der Berliner Radfahrerin Olga Krämer. Siegerin: Frau Cody.

✦ Damenrennen in Wien und Mödling.
✦ Eine unbekannte Radlerin fuhr in 7 Tagen und 15 1/2 Stunden von Sydney nach Melbourne.

1898
✦ Erstes internationales Damenrennen Deutschlands in Berlin. Siegerin im Hauptfahren war die Französin A. Reillo.
✦ 3. inoffizielle Weltmeisterschaften für Damenradsport in Ostende/Belgien. Einzige deutsche Fahrerin war Olga Krämer, die ohne Plazierung blieb.
✦ Damen- und Gemischtrennen in Bad Kissingen, Hadersleben/Hamburg, München, Rheindahlen und Berlin.
✦ Sechs-Tage-Rennen in London, Paris und Birmingham.
✦ Deutscher 3000-Meter-Rekord von Olga Krämer in 5.08 Minuten.

1899
✦ Damenrennen in Hadersleben.
✦ »Eine Vertreterin des weiblichen Geschlechts, eine Geisha, darf sich sogar rühmen, den besten Fahrer von Kyoto beim Wettfahren auf 3 Ri (etwa 12 Kilometer) besiegt zu haben.«[35]

1900
✦ Damen- und Gemischtrennen in Schmalkalden (Thüringen), Hadersleben, Krefeld und Mühlhausen (Thüringen).

VI

Freie Fahrt für freie Frauen
oder
Die Emanzipation auf dem Rad

»Frei und unabhängig von andern« –
Frauen machen mobil

»Es war in der That das pflanzenhaft Passive, was an der Frau immer mehr geschätzt und durch diese Schätzung auch gezüchtet wurde; daß sie ein von der Natur zu selbständiger Bewegung bestimmtes Wesen ist, geriet ganz in Vergessenheit.« (Eduard Bertz, 1900)

Keine Diskussion im Zusammenhang mit dem Fahrrad wurde so erbittert geführt wie die ums Damenradeln. Mode, Gesundheit, Sittlichkeit – das waren nur Vorwände. Es ging ums Prinzip, die Rolle der Frau in einer von Männern dominierten Gesellschaft. Bisher hatte Mann sie zur außerhäuslichen Bewegungslosigkeit verdammt – die von Schiller noch gerühmte »züchtige Hausfrau, die reget ohn' End die fleissigen Händ«, die Madame, deren einzige Aufgabe es war, den Besitz ihres Mannes zu repräsentieren. »Was hat man aber auch Jahre lang für ein Leben geführt, man hat nicht springen, laufen, jagen dürfen, man ist Dame, Fräulein, Frau gewesen, ein Ding ohne bewegliche Gliedmassen, aufrecht, gemessen und gezirkelt in einem Schlepprock verpuppt, höchstens zu Knixen abgerichtet.«[1], erinnerte sich 1896 eine Leserbriefschreiberin im *Deutschen Radfahrer* an die Zeit vor dem Drahtesel. Noch 1901 konstatierte Lily Braun in ihrem Standardwerk *Die Frauenfrage*: »Während ihr Bruder Fußball spielt oder fröhliche Wanderungen unternimmt ... sitzt sie über geisttötenden Handarbeiten, oder quält sich und andere am Klavier.« Doch hoffnungsfroh fuhr sie fort: »Neuerdings hat ein starker Emanzipator darin einige Wandlung geschaffen: das Fahrrad, dessen Wirkung zu Gunsten der Selbstbefreiung des weiblichen Geschlechts schon jetzt in der größeren Selbständigkeit und der Vereinfachung der Kleidung der jungen Mädchen deutlich zu Tage tritt, und auch darin einen glücklichen Ausdruck findet, daß der Absatz der Klaviere seit seiner Einführung in stetigem Sinken begriffen ist.«[2]

Was war schon der schönste Steinway gegen ein »flinkes Stahlrösslein« – das erste Fortbewegungsmittel, das Frauen selbständig mobil und unabhängig von ihren Männern machte und letztendlich auch den Boden für ihre freie Berufstätigkeit ebnete. Kein Vergleich zu Straßenbahnen oder Omnibussen, mit denen eine erholungsbedürftige Großstädterin, die täglich vielleicht ein oder zwei Stunden Freizeit hatte, nicht schnell genug ins Grüne kommen konnte. Durch den Drahtesel fühlte sich auch Amelie Rother von der Stubenhockerei erlöst: »Die Maschine ist stets gebrauchsfertig, in einer Viertel- oder Halbenstunde sind wir draußen. Kein versäumter Zug, keine überfüllte Pferdebahn, kein Droschkenmangel mehr! Frei und unabhängig von andern kann man auf die Minute bestimmen, wann und wo man sein will.«[3]

Ehemänner befürchteten natürlich, daß ihnen die Gattinnen aus dem häuslichen Bannkreise radeln könnten. Eltern hatten Angst, den Zugriff auf ihre unverheirateten Töchter zu verlieren. Die meisten Männer wollten sich grundsätzlich nicht damit abfinden, daß »eine Frau zu Rade ein unabhängiges Geschöpf ist, frei überall hinzugehen«[4].

Es gab auch Frauen, die sich weigerten, das zu glauben und ihren radfahrenden Schwestern am liebsten Steine in den Weg gelegt hätten: »Sie stand auf dem Bürgersteig und sah mich ankommen. Ihr Gesicht zeigte ein derartiges starres Entsetzen, dass ich unwillkürlich in langsamstes Tempo fiel und sie mir genau ansah. Während ich ganz langsam bei ihr vorbeifuhr, platzten ihr plötzlich die Worte heraus: ›Das ist ja gar nicht möglich!‹«[5]

Es war schon möglich, aber nicht erwünscht. Was der *Northern Wheeler*, ein englisches Fachblatt für den Radsport, 1893 so positiv formulierte, regte die Anhänger gängiger Weiblichkeitsmythen mächtig auf: »Frauen haben sich ihren Sitz im Sattel erobert ... und wir Männer können nur sagen: Das ist keine Revolte sondern eine Revolution. Ich bin absolut sicher, daß Frauen nun ihre wahrhaftige, den Männern gleichberechtigte Position einnehmen werden.«[6]

Um Egalität auch schon »im Sattel« zu vermeiden, sollte Madame nicht wie ein Mann radeln dürfen. Aus modischen, sittlichen und medizinischen Gründen war zuviel Bewegungsfreiheit angeblich nicht gut für Frauen. Nur das Saalfahren »ist derjenige Zweig unseres Sports, den man uns allseitig gönnt«, klagte Amelie Rother 1897 und konnte nicht umhin, sich darüber zu wundern: »Denn, wer im Saale fleissig geübt hat, will doch auch den Sportskameraden einmal zeigen, was er gelernt hat.«[7] Das gerade war eben nicht erwünscht, und so gehörte Amelie Rother zu jener Gruppe von Radlerinnen, die im gleichen Jahr ein französischer Journalist zurechtwies: »Es gibt in Deutschland eine Reihe Damen, welche den Zweck, welchen das Rad für sie haben soll, ganz verkennen. Sie glauben auch, wie die Männer Eisenbahnfahrgeld damit ersparen zu sollen. Das ist aber völlig verkehrt. Das Radfahren der Damen soll sich nur in dem Rahmen von Spazierfahrten halten.«[8]

Alles, was darüber hinaus ging, zum Beispiel das Tourenfahren, war anfangs so unerhört, »dass die Damen, welche einen so ungewohnten, von den althergebrachten Mitteln der Beförderung fern abliegenden Weg benutzten ... nun gleich in das Lager der Emancipation hinüberradeln«[9]. Was stimmte, obwohl sich die meisten Radfahrerinnen damals wohl kaum zur Frauenbewegung gerechnet hätten. Doch sie mußten sich mit der Frage nach der Gleichberechtigung auseinandersetzen. Ihr Sport konnte nicht in der Halle stattfinden, wie das damals auch schon von Frauen gespielte Lawn Tennis, er war ein öffentliches Ereignis. Radfahrerinnen bezogen zwangsläufig Stellung, schließlich war ihnen immer bewußt, »daß sie gegen weit verbreitete Vorurteile in beiden Geschlechtern verstießen und die Grenzen dessen, das bis vor kurzem als das Herkömmliche galt, überschritten haben. Das muß sie von der Willkürlichkeit und Wertlosigkeit konventioneller Satzungen überzeugen, denen die Masse der Frauenwelt sich sonst in sklavischem Gehorsam unterwarf. Und wenn sie das einmal begreifen, so muß auch ihre Persönlichkeit, ihr Unabhängigkeitsgefühl erwachen, und ihr Weg führt hinaus in die Freiheit, dahin, wo nicht mehr das Dogma gilt, sondern nur noch das eigene Urteil, die Stimme des eigenen Gewissens[10].« Was Eduard Bertz in seiner 1900 erschienenen »Philosphie des Fahrrades« formulierte, war drei Jahre früher schon einer Radlerin klar geworden: »Die schwache Frau mit beschränktem Horizonte und geringem Wissen genügt unseren modernen Ansprüchen nicht mehr«, verkündete sie im *Vademecum für Radfahrerinnen«:* »An ihre Stelle ist das verständnisvolle, zielbewußte Weib getreten, das eine eigene Individualität verkörpert, seine eigenen Ansichten hat und verficht, seine eigenen Neigungen hegt und zu erfüllen sucht.«[11]

»Eine ganze neue Lebensphilosophie« – Selbstbewußte Radlerinnen

»Das Fahrrad hat die Frauen mehr emanzipiert, als alles andere auf der Welt. Es gab ihnen ein Gefühl der Freiheit und Selbständigkeit.« (Susan Brownell Anthony, um 1900)

1893, im Alter von 53 Jahren, bestieg die amerikanische Frauenrechtlerin Frances E. Willard zum ersten Mal ein

*Die ersten Fahrversuche der amerikanischen Frauenrechtlerin Frances E.
Willard auf ihrem Drahtesel »Gladys«, so genannt wegen »der erheitern-
den Bewegung der Maschine und ihrer wohltuenden Wirkung auf die
Gesundheit«.*

Jeanne Zola mit dem Zweirad, fotografiert von Emile Zola.

Zweirad. Aus gesundheitlichen Gründen, aber auch »aus reiner Liebe zum Abenteuer, weil ich diese neue Kraft unter den Füßen kennenlernen wollte und last, but not least, weil eine Menge Leute dachten, ich könnte es in meinem Alter nicht mehr lernen«[12].

Für sie, die sich nach wilden Jugendjahren mit 16 Jahren in die steife Tracht der Frauen – fußbodenlange Röcke, Stöckelschuhe und Korsett – gepreßt hatte, war der Drahtesel eine Art Befreier. In ihrer oft sehr moralinsauren

Liebeserklärung an das Fahrrad, *How I Learned To Ride The Bicycle*, schrieb sie: »Im schmerzhaften Sieg über mein Fahrrad fand ich eine ganze neue Lebensphilosophie ... Ich lernte, daß der Wille das Rad des Geistes ist. ›Wer ein Tier wie Gladys meistert, der meistert auch das Leben, mit genau denselben Methoden.‹«[13] Trotz aller Pathetik, da war was dran. Tatsächlich brauchten Frauen eine »neue Lebensphilosophie«, wenn sie aufs Rad steigen wollten. Eigenschaften wie Mut und Ehrgeiz − nach damaligen Klischees höchst »unweiblich« − waren unverzichtbar, um die Schwerkraft zu besiegen. In seinem 1898 erschienenen »Paris«-Roman stilisiert der französische Romancier Emile Zola das Radfahren zu einer regelrechten Lebensschule für die Frauen und läßt seine Heldin Marie schwärmen: »›Wenn ich eines Tages eine Tochter habe, werde ich sie mit zehn Jahren aufs Fahrrad setzen, um ihr beizubringen, wie sie sich im Leben verhalten soll!‹ ›Wie, eine Erziehung durch Erfahrung?‹ ›Ja! Schauen Sie sich doch mal die großen Töchter an, die die Mütter in Röcken erziehen. Man macht ihnen Angst vor allem. Man verwehrt ihnen jegliche Initiative. Man übt weder ihr Urteilsvermögen ein, noch ihren Willen, sogar in der Weise, daß sie noch nicht einmal eine Straße überqueren können. Gelähmt von der Idee, Hindernisse vorzufinden. Setzen Sie ein junges Mädchen auf ein Fahrrad und lassen Sie es auf der Straße fahren: es muß die Augen offenhalten, um den Stein zu sehen und ihm auszuweichen sowie im rechten Augenblick nach der richtigen Seite abzubiegen ... Aber ich meine, wer den Steinen ausweicht, wer im rechten Augenblick auf der Straße abbiegt, wird auch im Gesellschafts- und Gefühlsleben Schwierigkeiten überwinden und mit offenem, ehrlichem, echtem Verstand die beste Entscheidung treffen. Die ganze Erziehung liegt im Wissen und Wollen.‹ ›Also die Emanzipation der Frau durch das Fahrrad.‹«[14]

Der Radsport, als »Förderer geistiger und sittlicher Eigenschaften«[15], galt vielen zeitgenössischen Intellektuellen als »Emancipator«: »Er hat die Frauenfrage ihrer Lösung näher gerückt, als es lange Jahrzehnte unermüdlicher Agitation vermocht hätten«[16], meinte 1900 Fahrrad-Philosoph Bertz. So fortschrittlich der gute Mann auch dachte, er blieb ein Kind seiner Zeit. Letztendlich sollten »Aufmerksamkeit, Umsicht, Kaltblütigkeit, Entschlossenheit, Mut und Willenskraft« männerfreundlich kanalisiert werden: »Sie werden zur Höherentwicklung des weiblichen Charakters beitragen und ein unschätzbares Rüstzeug sein für die Gattin als Gehilfin des Mannes, für die Mutter als Erzieherin ihrer Söhne und Töchter, für die Hausfrau an der Spitze ihres Heimwesens.«[17]

»Lebet wohl ihr Mutterbräuche« – Klischees kommen ins Rollen

»Lebet wohl ihr Mutterbräuche / Ach, wie ferne seid ihr jetzt / Seit das Weib des Stahlrads Speiche / Strampelnd in Bewegung setzt. / Seit dies schreckliche Vergnügen / Es entfremdet dem Beruf, / Strudel walken, Kinder wiegen / Wozu uns der Herr erschuf.« (Draisena, 1897)

In seinen Erinnerungen *Die Welt von Gestern* schrieb Stefan Zweig: »Daß etwa ein paar junge Leute gleichen Standes, aber verschiedenen Geschlechtes, unbewacht einen Ausflug hätten unternehmen dürfen, war völlig undenkbar – oder vielmehr, der erste Gedanke war, es könnte dabei etwas ›passieren‹. Ein solches Zusammensein wurde höchstens zulässig, wenn irgendwelche Aufsichtspersonen, Mütter oder Gouvernanten, die jungen Leute Schritt für Schritt begleiteten.«[18]

Erst waren es 2 Quadruplets, — Vier Schwestern und vier Brüder.

Auf 4 Tandem trifft man verlobt — Ein Jahr darauf sie wieder.

Es findet sie dem Sporte treu — Ein weiteres Jahr später,
Verehlicht längst, benützen sie — Nunmehr 8 Einzelräder.

Die einen führt's zusammen — die anderen trennt's.

Wie sich die Zeiten ändern: »Die Frau Einst und Jetzt«,
Karikatur aus der »Jugend«.

Mit dem Fahrrad änderten sich die Sitten: So schnell wie ihre Töchter, die in den Radclubs Anschluß fanden, konnten die Eltern und Anstandsdamen gar nicht aufs Rad steigen. In ihrer Not gründeten arbeitslose Gouvernanten in London gar einen Verein, der sich zur Aufgabe machte, »Damen bei Exkursionen und Touren zu begleiten.«[19]

Die Werbung der Fahrradindustrie tat ihr übriges, den Frauen die neue Freiheit schmackhaft zu machen. Zumindest auf den Plakaten war die Radlerin eine emanzipierte Frau, ganz im neuen Stil der Zeit: selbstbewußt, mit dem Hauch der femme fatale und ganz offen gezeigten erotischen Attributen. In seinem 1900 erschienenen Roman *Drei Männer auf dem Bummel* karikierte Jerome K. Jerome den neuen Trend: »Gelegentlich zeigt uns das Plakat ein Radlerpaar; dann erfassen wir sofort die Tatsache, um wieviel überlegen zu Zwecken des Flirts das moderne Zweirad der altväterischen guten Stube oder dem Gartenpförtchen ist, das seine Rolle schon längst ausgespielt hat. Er und sie besteigen ihre Räder, nachdem sie vorher selbstverständlich darauf geachtet haben, daß sie auch von der richtigen Marke seien. Danach haben sie an nichts weiter zu denken, als an die süße alte Geschichte. Schattige Pfade hinab, durch geschäftige Städte an Markttagen rollen lustig die Räder ... Und immer scheint die Sonne, und die Straßen sind immer trocken. Kein gestrenger Vater fährt hinten, keine lästige Tante zur Seite, kein dämonischer Knirps von einem Bruder guckt um die Ecke, es gibt kein Hindernis.«[20]

Nicht nur zum Flirten eignete sich das Fahrrad — eine Amerikanerin war sogar der Meinung, daß der Drahtesel imstande sei, Ehen zu retten: Sie empfahl ihren Geschlechtsgenossinnen, die immerzu an ihren Männern »meißeln, quengeln und nörgeln: Wenn sie bloß eine Stunde lang das Vergnügen zu fahren hätten wie ich —

Kameradschaft auf dem Rad wurde zumindest in der Werbung realisiert.

wären – glaube ich – die widerwärtigen, ärgerlichen und quälenden Szenen kürzer und seltener«[21].

Ihre Landsmännin Frances E. Willard schwärmte von der neuen Kameradschaft zwischen Männern und Frauen, »die gemeinsam die Landstraße befahren. Wir fühlten, daß es bald soweit sein könnte, daß ein Jugendlicher stolz wäre, als ›Bruder seiner Schwester‹ bekannt zu sein«[22]. Auch die *Minneapolis Tribune* meinte: »Das Fahrrad bringt rasch eine veränderte Einstellung gegenüber den Frauen und ihren Fähigkeiten.«[23]

Wurden Frauen jetzt doch zu »Mannweibern«, wie die Gegner des Damenradelns schon immer befürchtet hatten? In zwei zeitgenössischen Witzen jedenfalls überrollte das Fahrrad sogar die »gesunden« Mutterinstinkte:

»Schutzmann! Schutzmann! mein Rad ist mir gestohlen!« – »Wie sah es denn aus, Ihr Rad?« – »Es war ein hochgestelliges, selbstölendes Kugellager, Schlauchreifen, bewegliche Speichenköpfe, und ... ah, jetzt fällt mir soeben ein, mein Baby war an der Lenkstange befestigt.«[24]

»Er: Mary, wach auf, rasch! Das Haus brennt – bringe das Kind in Sicherheit! Sie: Und mein Bicycle? Er: Ist längst draussen, das hab' ich Dir zuerst hinausgeschafft.«[25]

Humor birgt immer ein Quentchen Realität. Die Herrinnen über die »denkwürdigste, genialste und inspirierendste Maschine, die je auf diesem Planeten erfunden wurde«[26], beschränkten ihre Konversation nicht mehr auf den neuesten Verlobungsklatsch, die süßen Kleinen und den netten »Acessor« von nebenan.

Die Amerikanerin Anne Strong gar hätte den Drahtesel 1895 am liebsten gegen Familie und Gatten eingetauscht: »Ich sehe nicht ein, warum ein Fahrrad nicht ebensogute Gesellschaft leisten kann wie die meisten Ehemänner nach zwei Jahren. Mir wäre es genauso lieb, zu dem einen wie zu dem anderen leblosen Gegenüber zu sprechen. Und sehr viel lieber mit einem, der nicht antworten kann statt nicht antworten zu wollen. Ich kann mir eine sympathische Rückantwort von einem spiegelnden Lenker eher vorstellen als die Gewißheit, daß es von einem stirnrunzelnden Mann (der gähnt oder zu gähnen anfängt, wenn ich ihn etwas frage) keine geben kann. Was die Gesundheit betrifft, bin ich sicher, daß eine Menge alter Maiden die Ankunft des Fahrrads als kostbaren Ersatz für das Rezept manchen Arztes begrüßen werden: ›Würden Sie nur heiraten und eine Familie zu versorgen haben, dann wäre Ihre Gesundheit in Ordnung!‹ Man vergleiche doch mal das Rad in dieser Hinsicht mit einer Familie. Man kann sein Rad abends sauber machen, und es schleudert nie in der allerletzten Minute seine Schuhe weg und schmiert sich nie mit Sirup voll. Wenn man fertig ist, kann man losfahren. Keine kleinen Ellbogen bohren sich einem in die Rippen; es gibt kein Motzen; kein Geschrei vor Straßenbahnen oder Süßigkeitenläden. Ruhig gleitet man dahin, geschmeidig und schnell. Erheiterung und Nervenstär-

135

Die Braut radelt ihrem Bäutigam davon.

kung mischen sich mit der Würze der Gefahr, der Notwendigkeit scharf zu beobachten und der Aussicht auf Abenteuer. Wenn man zur Gesundheitsfrage kommt, ist sicher kein Vergleich zwischen Radfahren und der Ehe. Ein weiterer großer Vorteil des Fahrrades ist die Tatsache, daß man es immer loswerden kann, wann man nur will. Man kann es ins Haus rollen und in eine Ecke stellen, und da bleibt es. Es läuft einem weder nach, noch will es ständig in den unmöglichsten Augenblicken betreut werden. Wenn es schäbig oder alt wird, kann man es versetzen und ein neues nehmen, ohne die ganze Gemeinde zu schockieren.«[27]

Anmerkungen

Kapitel I
Vom mechanischen Pferd zum Damenrad

1 Vgl. Rauck, Max J. B. /Volke, Gerd /Paturi, Felix R.: Mit dem Rad durch zwei Jahrhunderte, 4. Aufl., Stuttgart 1988, S. 20.
2 Ebenda, S. 13.
3 Ebenda, S. 27.
4 Vgl. Nachwort von Schellenberg, Gerd, in: Daul, Anton: Illustrierte Geschichte der Erfindung des Fahrrades und der Entwicklung des Motorfahrradwesens, Dresden 1906, Reprint: Lindau 1990, S. X.
5 Ebenda.
6 Vgl. Raucke/Volke/Paturi, a.a.O., S. 34 f.
7 Das Fahrrad im Jahre 1869, in: Der Radfahrer, 1887, S. 39, vgl. auch Buchner, Heide: Untersuchungen zur Entwicklung des Frauensports in Deutschland von 1888-1914, Köln 1976, S. 64.
8 Vgl. Ritchie, Andrew: King of the Road, London 1975, S. 148 f.
9 Vgl. Berliner Illustrirte Zeitung, 1901, Nr. 24, S. 372, vgl. auch: Rabenstein, Rüdiger: Radsport und Gesellschaft, Hildesheim 1991, S. 138.
10 Timm, Uwe: Der Mann auf dem Hochrad, Köln 1984, S. 66 f.
11 Ebenda, S. 81.
12 Ebenda, S. 100.
13 Ebenda, S. 132 ff.
14 Vgl. Salomon, Eleonore: Aus den Anfängen des bürgerlichen Frauenradsports in Deutschland, in: Theorie und Praxis der Körperkultur, 14. Jg., 1965, Nr. 3, S. 199.

15 Vgl. Rauck/Volke/Paturi, a.a.O, S. 59, vgl. auch: Baudry de Saunier, Louis: Histoire Générale de la Vélocipédie, Paris 1891, S. 85.

16 Vgl. Alderson, Frederick: Bicycling – A History, Newton Abbot 1972, S. 85.

17 Vgl. Ritchie, a.a.O., S. 110.

18 Zit. nach: Rauck/Volke/Paturi, a.a.O., S. 73.

19 Der Arbeiter-Radfahrer, 1909, zit. nach: FahrradLiebe, Berlin 1987, S. 57 f.

20 Herzog, Ulrich: Fahrradpatente, Kiel 1984, S. 185.

21 Timm, a.a.O., S. 156.

22 Vgl. Rauck/Volke/Paturi, a.a.O., S. 67.

23 Vgl. Ritchie, a.a.O., S. 150.

24 Rother, Amelie: Das Damenfahren, in: Salvisberg, Paul (Hg.): Der Radfahrsport in Wort und Bild, München 1897, Reprint: Hildesheim/New York 1980, S. 112.

25 Ebenda.

Kapitel II
Radeln in homöopathischen Dosen

1 Die Krankheit der Radfahrer. Von einem Arzt, Köln 1897, S. 9.

2 Mendelsohn, Martin: Ist das Radfahren als eine gesundheitgemässe Uebung anzusehen und aus ärztlichen Gesichtspunkten zu empfehlen?, in: Deutsche Medizinische Wochenschrift, Teil 1-4, 1896, Nr. 24, S. 382.

3 Theilhaber, Dr.med.: Das Radfahren der Frauen, in: Münchner Medizinische Wochenschrift, 43. Jg., 1896, Nr. 48, S. 1177.

4 Siegfried, Martin: Die Hygiene des Radfahrers, in: Salvisberg, Paul von (Hg.): Der Radfahrsport in Wort und Bild, Reprint: Hildesheim/New York 1980, S. 169 f.

5 Vgl. Lomer, in: Zentralblatt für Gynäkologie (Cbl.), 1899, Nr. 6, S. 180.

6 Fressel, Carl: Manuskript aus seinem Nachlaß, 1897, S. 35 f (Sporthochschule Köln).

7 Mendelsohn, a.a.O., Nr. 21, S. 335.

8 Ebenda, Nr. 24, S. 382.

9 Heermann, Dr. med.: Zur Hygiene des Radfahrens, in: Therapeutische Monatshefte, 12. Jg., Dezember 1898, S. 672 f.

10 Die Krankheit der Radfahrer, a.a.O., S. 12.

11 Ebenda, S. 15.

12 Siegfried, a.a.O., S. 158.

13 Hans Müller-Pirna, in: Die Jugend, 1896, Nr. 50, S. 817.

14 Warmwickler, Dr. med., in: Die Jugend, 1896, Nr. 50, S. 816.

15 Rother, Amelie: Damenradfahren, München 1897, Reprint: Berlin 1982, S. 13.

16 Mendelsohn, a.a.O., Nr. 18, S. 278.

17 Siegfried, a.a.O., S. 165.

18 Mendelsohn, a.a.O., Nr. 23, S. 368.

19 Vgl. Die Jugend, 1896, S. 816.

20 Vgl. Piepmann, Eufemia von, in: Die Jugend, 1896, S. 817.

21 Siegfried, a.a.O., S. 159.

22 Mendelsohn, a.a.O., Nr. 23, S. 368.

23 Ebenda.

24 Ebenda.

25 Kisch, Heinrich: Das Geschlechtsleben des Weibes, Berlin/Köln 1904, S. 203 u. 90.

26 Ebenda, S. 108.

27 Theilhaber, a.a.O.,S. 1178.

28 Zit. nach Kuhn, Heike: Entstehung und Entwicklung des Frauenradfahrens von den Anfängen bis zum Ersten Weltkrieg, Köln 1991, S. 107.

29 Floel, Otto: Das Radfahren vom gynäkologischen Standpunkt, in: Deutsche Medizinische Wochenschrift, 1896, Nr. 48, S. 777.

30 Vgl.: Die Jugend, 1896, Nr. 50,.S. 816.

31 Zentralblatt für Gynäkologie (Cbl.), hg. von Heinrich Fritsch, 1899, Nr. 42, S. 1284.

32 Theilhaber, a.a.O., S. 1178.

33 Floel, a.a.O., S. 776.

34 Zit. nach: Koehlich, Richard: Handbuch des gesamten Radfahrwesens, Leipzig/Wien 1901, S. 55.

35 Vgl. Therapeutische Monatshefte, 10. Jg., August 1896, S. 452.

36 Vademecum für Radfahrerinnen, hg. von der »Wiener Mode«, Wien 1897, S. 69 f.

37 Bertz, Eduard: Philosophie des Fahrrades, Dresden/ Leipzig 1900, S. 142.

38 Ebenda.

39 Vgl. Meier-Wurrmannsquick, Alfons, in: Die Jugend, 1896, S. 816.

Kapitel III
Modisch, mutig und mobil

1 Forstner, Regina: Die Wiener Damenmode in der zweiten Hälfte des 19. Jahrhunderts bis zum Ende des Ersten Weltkrieges, in: Die Frau im Korsett, Ausstellungskatalog, Wien 1985, S. 68.

2 Ebenda.

3 Kybalová, Ludmila u.a.: Das große Bilderlexikon der Mode, 3. Aufl., Prag 1976, S. 281.

4 Schuhmacher, Dr. jur.: Das Recht des Radfahrers, in: Schiefferdecker, Dr. med.: Das Radfahren und seine Hygiene, Stuttgart 1900.

5 Stamm, Brigitte: Auf dem Weg zum Reformkleid, in: Kunst und Alltag um 1900, Giessen 1978, S. 140.

6 Kybalová, a.a.O., S. 271.

7 Bertz, Eduard: Philosophie des Fahrrades, Dresden/ Leipzig 1900, S. 145.

8 Zur Mühlen, Hermynia: Ende und Anfang, 1. Aufl., Berlin/Weimar 1976, S. 31.

9 Ebenda, S. 32.

10 Zweig, Stefan: Die Welt von Gestern, Frankfurt a.M. 1991, S. 94.

11 Abendstern, Minna, in: Die Jugend, 1896, Nr. 50, S. 817.

12 Rother, Amelie: Damenradfahren, 2. Aufl., Berlin 1982, S. 27 u. 31 f.

13 Vgl. Die Jugend, 1896, Nr. 50, S. 817.

14 Vgl. Draisena, 1898, S. 589.

15 Zit. nach Felix R. Paturi: Geschichte des Fahrrades, Stuttgart 1988, S. 74, vgl. auch: Radlerin und Radler, 28.2.1900.

16 Vademecum, a.a.O., S. 63.

17 Vgl. Die Jugend, 1896, S. 817.

18 Ebenda, S. 816.

19 Ebenda.

20 Zit. nach Fressel, Carl: Der Radfahrsport, 4. Aufl., Neuwied/Leipzig 1898, S. 115.

21 Abendstern, a.a.O., S. 817.

22 Rother, a.a.O., S. 21.

23 Schiefferdecker, Dr.: Das Radfahren und seine Hygiene, Nachdruck 1982, S. 413.

24 Rother, a.a.O., S. 22.

25 Illustriertes Konversationslexikon für die Frau, Bd. 2, Berlin 1900, S. 494.

26 Vademecum, a.a.O., S. 51 u. 53 f.

27 Fressel, Manuskript, a.a.O., S. 15 f.

28 Ebenda.

29 Vademecum, a.a.O., S. 47.

30 Draisena, 1898, S. 259.

31 Zit. nach Fressel, Manuskript, a.a.O., S. 19.

32 Draisena, 1898, S. 259.

33 Vgl. Die Radlerin, 3. Jg, 1898, Nr. 2, S. 35; vgl. auch: Die Gleichheit, 7. Jg., 1898, S. 24.

Kapitel IV
Von der Einzelgängerin zur Massenbewegung

1 Der Radfahrer, 4. Jg., 1885, Nr. 13, S. 218, vgl. auch: Rabenstein, Rüdiger: Radsport und Gesellschaft, Hildesheim 1991, S. 155.

2 Ebenda.

3 Zit. nach Kuhn, Heike: Entstehung und Entwicklung des Frauenradfahrens, Köln 1991, S. 111; vgl. auch: Die Rolle der Damen in unserem Sportleben, in: Der Velocipedsport, 3. Jg., 1886, Nr. 1, S. 1 f.

4 Rother, Amelie: Das Damenfahren, in: Salvisberg, a.a.O., S. 133.

5 Ebenda.

6 Vgl. Salomon, Eleonore: Aus den Anfängen des bürgerlichen Frauenradsports, in: Theorie und Praxis der Körperkultur, 14. Jg., 1965, Nr. 3, S. 203.

7 Rother, a.a.O., S. 134.

8 Draisena, 3. Jg., Nr. 4, 1897, S. 58.

9 Rother, a.a.O., S. 111.

10 Ebenda, S. 113.

11 Draisena, 3. Jg., 1897, Nr. 1, S. 2.

12 Ebenda, S. 3 f.

13 Rother, a.a.O., S. 124.

14 Ritchie, Andrew: King of the Road, London 1975, S. 160.

15 Zit. nach: Rabenstein, Rüdiger: Radsport und Gesellschaft, Hildesheim 1991, S. 140, vgl. auch: Euler, Carl:
   Encyclopädisches Handbuch des gesamten Turnwesens
   und der verwandten Gebiete, Wien/Leipzig, Bd.3,
   1896, S. 366.
16 Rother, a.a.O., S. 112.
17 Ebenda.
18 Bertz, Eduard: Die Philosophie des Fahrrads, Dresden
   1900, S. 149.
19 Die Radlerin, 3. Jg., 1898, Nr. 2, S. 1 f.
20 Vgl. Lessing, Hans-Erhard (Hg.): Fahrradkultur, Reinbek bei Hamburg 1982, S. 16.
21 Alderson, Frederick: Bicycling — A History, Newton
   Abbot 1972, S. 91.
22 Vademecum, a.a.O., S. 4.
23 Die Radlerin, 3. Jg., 1898, Nr. 5, S. 1.
24 Zit. nach: Lessing, Hans-Erhard, in: Vorwort zu Salvisberg, Paul (Hg.): Der Radfahrsport in Bild und Wort,
   a.a.O., o.S.
25 Vademecum, a.a.O., S. 4.
26 Draisena, 3. Jg., 1897, Nr. 14, S. 112.
27 Draisena, 3. Jg., 1897, Nr. 1, S. 4.
28 Zit. nach Paturi, Felix R.: Die Geschichte des Fahrrads,
   Stuttgart 1988, S. 72 f.
29 Vademecum, a.a.O., S. 6.
30 Ebenda, S. 8.
31 Ebenda, S. 6.
32 Radwelt, 3. Jg., 1897.
33 Fressel, Carl: Das Radfahren der Damen, Graz 1898, S.
   1 f.
34 »All Heil!«, in: Die Jugend, 1. Jg., 1896, Nr. 26, S. 418.
35 Vademecum, a.a.O., S. 38.
36 Ebenda, S. 58 f.
37 Ritchie, a.a.O., S. 149.

38 Draisena, 3. Jg., 1897, Nr. 18, S. 273.
39 Ebenda, Nr. 4, S. 55.
40 Vademecum, a.a.O., S. 39.
41 Ebenda, S. 9 u. 60 f.
42 Draisena, 3. Jg., 1897, Nr. 1, S. 1.
43 Holder, Dorothee: »Bergauf darf überhaupt nie gefahren werden«, in: Frau und Mutter, Nr. 7/8, 1988, S. 45.
44 Bertz, a.a.O., S. 19.
45 Zit. nach Beduhn, Ralf: Die Roten Radler, Münster 1982, S. 32.
46 Ebenda, S. 67.
47 Salomon, a.a.O., S. 206.
48 Beduhn, a.a.O., S. 66.
49 Salomon, a.a.O., S. 206.
50 Beduhn, a.a.O., S. 68.
51 »Die Radpartie«, Komposition und Text von Helmut Markiewicz.

Kapitel V
Der Radrennsport der Damen

1 Zit. nach Kuhn, S. 186, vgl. auch: Das Stahlrad, 8. Jg., 1893, S. 680.
2 Zit. nach Kuhn, Heike: Entstehung und Entwicklung des Frauenradfahrens, Köln 1991, S. 187, vgl. auch: Deutsche Turnzeitung, 38. Jg., 1893, Nr. 42, S. 778.
3 Das Stahlrad, 1893, a.a.O., S. 680.
4 Deutscher Radfahrer-Bund, 6. Jg., 1893, Nr. 25, S. 787.
5 Das Stahlrad, a.a.O., S. 680.
6 Vademecum, a.a.O., S. 37.
7 Bertz, Eduard: Die Philosophie des Fahrrads, Dresden 1900, S. 148.
8 Ebenda, S. 149.

9 Ebenda, S. 160 f.

10 Adametz, Josef: Das Reigenfahren, in: Draisena, 3. Jg., 1897, Nr. 3, S. 20.

11 Deutscher Radfahrer Bund, 6. Jg., 1893, Nr. 6, S. 892.

12 Radlerin und Radler, 4. Jg., 1899, Nr. 9, S. 226.

13 Fressel, Carl: Der Radfahr-Sport, a.a.O., S. 194.

14 Ders.: Das Radfahren, a.a.O., S. 181.

15 Zit. nach Pfister, Gertrud: Weiblichkeitsmythen, Frauenrolle und Frauensport, in: Schenk, Sylvia (Hg.): Frauen, Bewegung, Sport, Hamburg 1986, S. 75, vgl. auch: Deutsche Turnzeitung für Frauen, 16. Jg., 1914, S. 30.

16 Die Radlerin, 3. Jg., 1898, Nr. 4, S. 98.

17 Kuhn, a.a.O., S. 63.

18 Ebenda, S. 181 u. 182.

19 Zit. nach Franke, Jutta (Hg.): Illustrierte Fahrrad-Geschichte, Berlin 1987, S. 83, vgl. auch: Berliner Illustrirte Zeitung, 1896, S. 811.

20 Zit. nach Kuhn, a.a.O., S. 69, vgl. auch: Radwelt, 4. Jg., Nr. 138, o.S.

21 Zit. nach Kuhn, a.a.O., S. 66, vgl. auch: Deutsche Turnzeitung, 41. Jg., 1896, Nr. 30, S. 616.

22 Kuhn, a.a.O., S. 64 f, vgl. auch: Draisena, 4. Jg., 1898, Nr. 33, S. 535.

23 Franke, a.a.O., S. 84.

24 Vgl. Rauck/Volke/Paturi, a.a.O., S. 167.

25 Sport im Bild, 1889, Nr. 4, S. 616.

26 Zit. nach Kuhn, a.a.O., S. 64, vgl. auch: Draisena , 4. Jg., 1898, Nr. 33, S. 535.

27 Zit. nach Kuhn, a.a.O., S. 54, vgl. auch: Gelbert, Ludwig: Damenfahren, in: Radwelt, 1. Jg., 1895, Nr. 19.

28 Ritchie, Andrew: King of the Road, London 1975, S. 155.

29 Von einem Arzt: Die Krankheit der Radfahrer, Köln 1897, S. 21 f.

30 Zit. nach Franke, a.a.O., S. 84, vgl. auch: Schacht, Hans-Joachim: Das Radwandern, Berlin 1939, S. 19.
31 Zit. nach Rabenstein, Rüdiger: Radsport und Gesellschaft, Hildesheim 1991, S. 148.
32 Die Angaben der Chronologie haben wir entnommen aus: Draisena, 1896-1898; Die Radlerin, 1897-1898; Radlerin und Radler, 1899; Kuhn, a.a.O.; Franke, a.a.O.; Willard, Frances E.: How I Learned To Ride The Bicycle, Sunnyvale 1991; Ritchie, a.a.O.; Mathys, a.a.O.
33 Zit. nach Kuhn, a.a.O., S. 185, vgl. auch: Das Stahlrad, 5. Jg., 1890, Nr. 30, S. 300.
34 Nachwort von Lisa Larrabee: Women and Cycling – The Early Years, in: Willard, a.a.O., S. 92.
35 Radlerin und Radler, 4. Jg., 1899, Nr. 7, S. 199.

Kapitel VI
Freie Fahrt für freie Frauen

1 Der Deutsche Radfahrer, 12. Jg., 1896, Nr. 13, S. 194.
2 Braun, Lily: Die Frauenfrage, Leipzig 1901, S. 189.
3 Rother, Amelie: Das Damenfahren, in: Salvisberg, a.a.O., S. 113.
4 Zit. nach Lessing, Hans-Erhard: Der Radfahrsport in Bild und Wort, a.a.O., o.S.
5 Rother, a.a.O.,S. 112.
6 Zit. nach Ritchie, Andrew: King of the Road, London 1975, S. 155.
7 Rother, a.a.O., S. 123.
8 Ebenda, S. 122.
9 Zit. nach Kuhn, Heike: Entstehung und Entwicklung des Frauenradfahrens, Köln 1991, S. 89, vgl. auch: Radwelt, 3. Jg., Nr. 150.

10 Bertz, Eduard: Philosophie des Fahrrades, Dresden/ Leipzig 1900, S. 152.

11 Vademecum, a.a.O., S. 9.

12 Willard, Frances: How I learned to ride the bicycle, Sunnyvale 1991, S. 74 f.

13 Ebenda, S. 31 u. 33.

14 Zit. nach Rabenstein, Rüdiger: Radsport und Gesellschaft, Hildesheim 1991, S. 151.

15 Bertz, a.a.O., S. 6.

16 Ebenda, S. 135.

17 Ebenda, S. 151

18 Zweig, Stefan: Die Welt von Gestern, Frankfurt/Main 1991, S. 94.

19 Vgl. Alderson, Frederick: Bicycling – A History, Newton Abbot 1972, S. 86.

20 Jerome, Jerome K.: Drei Männer auf dem Bummel, Tauchnitz/Leipzig 1900, vgl. auch: Lessing, a.a.O., S. 22.

21 Zit. nach Lessing, a.a.O., o.S. (Vorwort)

22 Willard, a.a.O., S. 46.

23 Zit. nach Lessing, a.a.O., o.S.(Vorwort)

24 Draisena, 4. Jg., 1898, S. 60.

25 Die Jugend, 3. Jg., 1898, Nr. 22, S. 380.

26 Willard, a.a.O., S. 76.

27 Zit. nach Lessing, a.a.O., o.S. (Vorwort), vgl. »Minneapolis Tribune« 1895.

Ausgewählte Literatur

Alderson, Frederick: Bicycling – A History, Newton Abbot 1972.

Anders, Michel: Heiteres Radfahren. Streifzug durch die Fahrradgeschichte, Stuttgart 1975.

Baudry de Saunier, Louis: Histoire Générale de la Vélocipédie, Paris 1891.

Beduhn, Ralf: Die Roten Radler, Münster 1982.

Berg, Georg: VI. Beitrag zu den Radfahrerkrankungen. Schädigungen durch unzweckmässige Radfahr-Sitze, in: Deutsche Medizinische Wochenschrift, 1896, Nr. 48, S. 777-778.

Bertz, Eduard: Philosophie des Fahrrades, Dresden/Leipzig 1900.

Bischof, Guido: Ein Wort für das Radfahren der Damen, in: Der deutsche Radfahrer, 15. Jg., 1899, Nr. 10, S. 94 f.

Boehn, Max von: Die Mode. Menschen und Moden im 19. Jahrhundert, 1878-1914, München o.J.

Braun, Lily: Die Frauenfrage, Leipzig 1901.

Buchner, Heide: Untersuchungen zur Entwicklung des Frauensports in Deutschland von 1888-1914, Köln 1976.

Bülow, Elsa von: Wie ich Radfahrerin wurde, in: Der deutsche Radfahrer, 10. Jg., 1894, Nr. 27, S. 434 f.

Calif, Ruth: The World On Wheels, Toronto/London/Brunswick 1983.

Daul, Anton: Illustrierte Geschichte der Erfindung des Fahrrades und der Entwicklung des Motorfahrradwesens, Dresden 1906, Reprint: Lindau 1990.

Dedolph, Georg Wilhelm: Ist das Radfahren gesund und auch für Damen passend? Ärztliche Studie mit praktischen Ratschlägen, Aachen 1896.

Dressler, Hilmar: Mit Radl, Rodel, Reitdreß und Reform-kleid, in: Olympisches Feuer, 33. u. 34. Jg., 1983 f, Teil 1: Nr. 5, S. 56-60, Teil 2: Nr. 6, S. 55-59, Teil 3: Nr. 1, S. 64-67.

Eschle, Dr. med.: Zur Frage der Gesundheitsschädlichkeit des sportmässigen Radfahrens, in: Therapeutische Monatshefte, 10. Jg., 1896, S. 471-472.

FahrradLiebe – BilderLeseBuch, hg. v. Elefantenpress, Berlin 1987.

Flöel, Otto: Radfahren vom gynäkologischen Standpunkt, in: Deutsche Medizinische Wochenschrift, 1896, Nr. 48, S. 776-777.

Flothmann, Karin: Hohngelächter für die ersten Radlerin-nen. Die Frau auf dem Rad – ein unweibliches Wesen?, in: Pro Velo – Das Fahrradmagazin, 1982, Nr. 2, S. 4.

Franke, Jutta: Illustrierte Fahrradgeschichte, Berlin 1987.

Fressel, Carl: Das Radfahren der Damen vom technisch-praktischen und ärztlichgesundheitlichen Standpunkte, Neuwied/Leipzig 1897.

Ders.: Der Radfahr-Sport vom technischpraktischen und ärztlichgesundheitlichen Standpunkte, Neuwied 1896.

Gronen, Wolfgang/ Lemke, Walter: Geschichte des Rad-sports, des Fahrrads. Von den Anfängen bis 1933, Eupen 1978.

Hahn, L.: Ueber das Radfahren vom ärztlichen Stand-punkte, in: Therapeutische Monatshefte, 10. Jg., Juli 1896, S. 375-379.

Haker, Friedrich: Das Radfahren der Damen, in: Akademi-sche Turnzeitung, 14. Jg., 1897/98, Nr. 2, S. 45-48 u. Nr. 3, S. 82-87.

Hartwig, Hermine: Sportmoden, in: Die Welt der Frau, 1906, S. 307-310.

Heermann, Dr.: Zur Hygiene des Radfahrens, in: Thera-peutische Monatshefte, 12. Jg., Dezember 1898, S. 671-674.

Herzog, Ulrich: Fahrradpatente, Kiel 1984.

Hirschfeld, Käthe: Vom Radeln, in: Die Welt der Frau, 1914, S. 301-303.

Hochmuth, Andreas: Kommt Zeit, kommt Rad, Wien 1991.

Jerome, Jerome K.: Drei Männer auf dem Bummel, Tauchnitz/Leipzig 1900.

Klose, Elise: Das Radfahren der Damen, in: Der deutsche Radfahrer, 6. Jg., 1890, Nr. 8, S. 84.

Koehlich, Richard: Handbuch des gesamten Radfahrwesens, Leipzig o.J.

Krankheit der Radfahrer. Von einem Arzt. Köln 1897.

Kuhn, Heike: Entstehung und Entwicklung des Frauenradfahrens von den Anfängen bis zum Ersten Weltkrieg, Diplomarbeit Kölner Sporthochschule, Köln 1991.

Lessing, Hans-Erhard (Hg.): Fahrradkultur — der Höhepunkt um 1900, Reinbek 1982.

Mach, Martin: Der Adler auf dem Schutzblech, Kiel 1990.

Maes, Jochen: Fahrradsucht, Köln 1989.

Mathys, F.K.: Siegeszug des Fahrrades, Basel 1979.

Mendelsohn, Martin: Ist das Radfahren als eine gesundheitsgemässe Uebung anzusehen und aus ärztlichen Gesichtspunkten zu empfehlen? in: Deutsche Medizinische Wochenschrift, 1. Teil: 1896, Nr. 18, S. 277-279; 2. Teil: 1896, Nr. 19, S. 300-302; 3. Teil: 1896, Nr. 21, S. 333-335, 4. Teil: 1896, Nr. 23, S. 366-368, 5. Teil: 1896, Nr. 24, S. 381-384, 6. Teil: 1896, Nr. 25, S. 398-401.

Müller, Johannes: Ueber den Einfluß des Radfahrens auf die Nieren, in: Münchner Medizinische Wochenschrift, 43. Jg., 1896, Nr. 48, S. 1181-1182.

Paturi, Felix R.: Die Geschichte des Fahrrads, Stuttgart 1988.

Pfister, Gertrud (Hg.): Frau und Sport, Frankfurt a.M. 1980.

Dies.: Weiblichkeitsmythen, Frauenrolle und Frauensport, in: Schenk, Sylvia (Hg.): Frauen — Bewegung — Sport, Hamburg 1986, S. 53-75.

Post, Carl: Das Radfahren und die Reform unserer Frauenkleidung, in: Rad-Welt, 1898, Nr. 4.

Rabenstein, Rüdiger: Radsport und Gesellschaft, Hildesheim 1991.

Rauck, Max J.B./ Volke, Gerd/ Paturi, Felix R.: Mit dem Rad durch zwei Jahrhunderte, 4.Aufl., Stuttgart 1979.

Rennert, Jack: 100 Jahre Fahrrad-Plakate, Berlin 1974.

Ritchie, Andrew: King of the Road — An illustrated History of Cycling, London 1975.

Romberg, Ed.: Ärztlicher Ratgeber für Radfahrer nach Fressels 'Was muß jeder Radfahrer unbedingt wissen?', o.O., o.J. (um 1900).

Ders.: Plaudereien eines Arztes über das Radfahren der Damen, Leipzig 1901.

Rother, Amelie: Damen-Radfahren, 1. Aufl., München 1897, Reprint: Berlin 1982. (Nochmals abgedruckt in: Salvisberg, Paul von, a.a.O., S. 111-136).

Salomon, Eleonore: Aus den Anfängen des bürgerlichen Frauenradsports in Deutschland, in: Theorie und Praxis der Körperkultur, 14. Jg., 1965, Nr. 3, S. 199-206.

Salvisberg, Paul von (Hg.): Der Radfahrsport in Bild und Wort, München 1897, Reprint: Hildesheim/New York 1980.

Schacht, Hans-Joachim: Das Radwandern, Berlin 1939.

Schmidt, O.: Meine Frau als Radfahrerin, in: Deutscher Radfahrer-Bund, 1891, Nr. 4, S. 198.

Schönberger, Käte: Reiterinnen und Radler, Berlin 1901.

Seyfert, Otto Erich: Die deutsche Fahrradindustrie, Heidelberg 1912.

Stamm, Brigitte: Auf dem Wege zum Reformkleid. Die Kritik des Korsetts und der diktierten Mode, in: Kunst und Allltag um 1900, 3. Jahrbuch des Werkbund-Archivs, hg. v. Eckhard Siepmann, Gießen 1978, S. 117-178.

Theilhaber, A.: Das Radfahren der Frauen, in: Münchner Medizinische Wochenschrift, 43. Jg., 1896, Nr. 48, S. 1177-1181.

Thiel, Erika: Geschichte des Kostüms, Wilhelmshaven 1980.

Timm, Uwe: Der Mann auf dem Hochrad, Köln 1984.

Vademecum für Radfahrerinnen. Ein Hilfsbuch in Fragen der Fahrtechnik, der Gesundheit, der Etikette und der Kleidung, hg. v. der Redaktion der »Wiener Mode«, Wien 1897.

Vandersee, Leon: Frauenschönheit und Radsport, in: Illustrierte Sonntags-Zeitung, 1898/99, Nr. 39, S. 611-612.

Willard, Francis: How I learned to ride the bicycle, hg. v. Carol O'Hare, Sunnyvale (California) 1991.

Wolf, Wilhelm: Fahrrad und Radfahrer, Leipzig 1890, Reprint: Dortmund 1988.

Zola, Emile: Les trois Villes, Paris 1889.

Zweig, Stefan: Die Welt von Gestern. Erinnerungen eines Europäers, Frankfurt a.M. 1991.

Zeitschriften

Der Arbeiter-Radfahrer, Halberstadt 1899 u. 1909.

Berliner Illustrirte Zeitung, Berlin 1896 u. 1901.

Der deutsche Radfahrer, Straubing/Nürnberg/München 1896.

Deutsche Turnzeitung, Leipzig, 1893 u. 1896.

Deutsche Turnzeitung für Frauen, 16. Jg., Krefeld 1914.

Deutscher Radfahrer-Bund, 6. Jg., Magdeburg 1893.

Draisena, Dresden/Wien 1897 u. 1898.

Die Jugend, München/Leipzig 1896 u. 1898.
Der Radfahrer, Leipzig/Berlin 1885.
Die Radlerin, Berlin 1898.
Radlerin und Radler, 4. Jg., Berlin 1899.
Radwelt, Berlin 1895, 1897 u. 1898.
Sport im Bild, 4. Jg., 1889.
Das Stahlrad, Leipzig 1890 u. 1893.
Der Velocipedsport, 3. Jg., Berlin 1896.

Besonders herzlichen Dank an die Bibliothekarinnen der Kölner Sporthochschule, die uns Einblick in die »Draisena« und »Die Radlerin« nehmen ließen.

Abbildungsnachweis

Seite der Abbildung in Klammern: (12) Die Jugend, 2. Jg., 1897, Nr. 30, S. 510; (15) oben: Rauck, M.J.B. / Volke, G. / Paturi, F.R., Mit dem Rad durch zwei Jahrhunderte, 4. Aufl., Aarau / Stuttgart 1988, S. 27; unten: Rauck, M.J.B. / Volke, G. / Paturi, F.R., a.a.O., S. 61; (16) Ritchie, A., King of the Road, London 1975, S. 146; (18) Ritchie, A., a.a.O., S. 147; (20) Rauck, M.J.B. / Volke, G. / Paturi, F.R., a.a.O., S. 27; (21) Rauck, M.J.B. / Volke, G. / Paturi, F.R., a.a.O., S. 49; (24) Paturi, F.R., Die Geschichte des Fahrrads, Aarau / Stuttgart 1988, S. 37; (25) Rauck, M.J.B. / Volke, G. / Paturi, F.R., a.a.O., S. 59; (26) Baudry de Saunier, L., Histoire Générale de la Vélocipède, Paris 1891, S. 85; (27) Wolf, W., Fahrrad und Radfahrer, Leipzig 1890, Reprint: Dortmund 1979, 3. Aufl. 1988, S. 137; (30) Maritschek, E., Das Damenrad und sein Vorgänger, in: Die Radlerin, 2. Jg., 1897, Nr. 1, S. 12; (34) Unser Jahrhundert im Bild, Gütersloh 1964, S. 58; (35) Salvisberg, P.v. (Hg.), Der Radsport in Bild und Wort, München 1897, Reprint: Hildesheim / New York 1980, S. 241; (36) Salvisberg, P.v., a.a.O., S. 236; (38) Herz, R. / Bruns, B., Hof-Atelier Elvira 1887-1828, München 1985, S. 188; (40/41) Salvisberg, P.v., a.a.O., S. 166/167; (44) Franke, J., Illustrierte Fahrradgeschichte, Berlin 1987, S. 86; (46) Salvisberg, P.v., a.a.O., S. 160/161; (48) Salvisberg, P.v., a.a.O., S. 38; (50) Draisena, 1897/1898, Nr. 9, S. 131; (51) Paturi, F.R., a.a.O., S. 9; (52) Plakatsammlung Kunstgewerbemuseum Zürich; (56) Boehm, M.v., Die Mode, 1878-1914, Leipzig / München 1919, unpag.; (58) Franke, J., a.a.O., S. 80; (59) Fuchs, E., Die Frau in der Karikatur, 3. Aufl., Frankfurt/M. 1979, S. 316; (60) Die Frau im Korsett. Wiener Frauenalltag, Ausstellungs-Katalog, Wien 1985, S. 143; (63) Franke, J., a.a.O., S. 77;

(67) Gattey, Ch. N., Amelie Bloomer, Zürich 1968, S. 168a; (69) Franke, J., a.a.O., S. 79; (70) Salvisberg, P.v., a.a.O., S. 270; (71) Dr. med. Schiefferdecker, Das Radfahren und seine Hygiene, 1900, Reprint in: Lessing, H.-E. (Hg.), Fahrradkultur 1: Der Höhepunkt um 1900, Reinbek 1982, S. 418; (72) Dr. med. Schiefferdecker, a.a.O., S. 423; (74) Franke, J., a.a.O., S. 80; (75) Sporthochschule Köln; (76) Plakatsammlung Museum für Gestaltung, Zürich; (80) Salvisberg, P.v., a.a.O., S. 113; (81) Die Radlerin, 1. Jg., 1897, Nr. 20; (82) Franke, J., a.a.O., S. 82; (84) Calif, R., The World on Wheels (Cornwall Books) 1983, S. 38; (86) Paturi, F.R., a.a.O., S. 37; (88) Die Jugend, 3. Jg., 1898, Nr. 13, S. 218; (90) Rauck, M.J.B. / Volke, G. / Paturi, F.R., a.a.O., S. 76; (93) Die Jugend, 3. Jg., 1898, Nr. 22, S. 376; (94) Die Jugend, 3. Jg., 1898, Nr. 14, S. 241; (96) Ritchie, A., a.a.O., S. 157; (99) Fritz Hüser Institut, Dortmund; (104) Franke, J., a.a.O., S. 83; Zitat aus: Rother, A., Das Damenfahren, in: Salvisberg, P.v., a.a.O., S. 122; (107) Rennert, J., 100 Jahre Fahrrad-Plakate, Berlin 1974, S. 70; (108) Die Radlerin, 2. Jg., 1898, Nr. 20, S. 447; (110) Laget, F. / Laget, S., Le Cyclisme, (Courlay) 1978, S. 44; (111) Gronen, W. / Lemke, W., Geschichte des Fahrradsports, Eupen 1978, S. 236; (113) Buchner, H., Untersuchungen zur Entwicklung des Frauensports in Deutschland von 1888-1914, Diplom-Arbeit, Köln 1976, Deutsche Sporthochschule, Abb. 4; (114) Radlerin und Radler, 3. Jg., 1899, Nr. 9, S. 349; (127) Willard, F.E., How I Learned to Ride the Bicycle, Sunnyvale 1991, Titelfoto; (128) Zola, F.E. / Massin (Hg.), Emile Zola Photograph, München 1979, S. 60; (131) Die Jugend, 2. Jg., 1897, Nr. 9, S. 147 und Nr. 25, S. 422-424; (132) Die Jugend, 2. Jg., 1897, Nr. 23, S. 381; (134) Ritchie, A., a.a.O., S. 144; (136) Maes, J., Fahrradsucht, Köln 1989, S. 57.

Autorinnen

Gudrun Maierhof, 1962 geboren in Dietershausen/ Fulda, Diplom-Sozialpädagogin. Seit 1986 wissenschaftliche Mitarbeiterin im Archiv der deutschen Frauenbewegung (Kassel).
Publikationen zu historischen Frauenthemen, u.a. Hering, Sabine / Maierhof, Gudrun: Die unpäßliche Frau. Sozialgeschichte der Menstruation und Hygiene, Pfaffenweiler 1991.

Katinka Schröder, 1967 geboren in Jugenheim/Bergstraße, gelernte Buchhändlerin, danach Volontariat und von 1989 bis 1991 Zeitschriften-Redakteurin. Seit Herbst 1991 freiberufliche Journalistin.

Starke Frauen im Unionsverlag

Löwengleich und Mondenschön
In diesen orientalischen Frauenmärchen gibt es wahre weibliche
Helden. Kühn und klug behaupten sie sich in der Männerwelt,
suchen sich listig den Märchenprinzen selbst. 144 Seiten, UT 37

Joan Clark
Der Triumph der Geraldine Gull
Am Rande der Hudson Bay, zwischen der Baumgrenze und den
Eisbergen, liegt verloren und vergessen das Indianerdorf Niska.
Ein Fluch scheint über ihm zu liegen, bis die rätselhafte, unbe-
zähmbare Geraldine Gull mit ihrer Vision den Bann bricht.
400 Seiten, gebunden

Scharuk Husain
Verzauberte Hosen
In dieser Sammlung von Märchen aus verschiedenen Kulturen
und Zeiten erzwingen als Männer verkleidete Frauen ihr Recht.
Kaum einer bezweifelt, daß sie ohne weiteres das Zeug zum Arzt
oder Rechtsanwalt, Mönch oder Ritter haben. 320 Seiten, UT
84

Calamity Jane
Briefe an meine Tochter
Schon zu Lebzeiten, als sie durch den Wilden Westen ritt, hat sie
Phantasien erregt und Gemüter erhitzt. Für Hollywood wurde sie
von Jane Russell und Doris Day verkörpert. Doch die Frau
hinter dem Mythos blieb unbekannt. 128 Seiten, UT 73

Bestellen Sie unseren kostenlosen Verlagsprospekt:
Unionsverlag, Rieterstrasse 18, CH-8059 Zürich